Beiträge zur Theorie und Praxis des Tennisunterrichts und -trainings 14

Herausgeber:
Sportwissenschaftlicher Beirat des Deutschen Tennis Bundes

ISSN 0723-1407

Herausgeber:

**Hartmut Gabler
Hans-Jürgen Mergner**

unter Mitarbeit von Andrea Eith und Stephan Teuber

Modelle zur Talentförderung im Tennis

Verlag Ingrid Czwalina D-2070 Ahrensburg bei Hamburg

Mitglieder des Sportwissenschaftlichen Beirats des Deutschen Tennis Bundes sind:

Prof. Dr. Hartmut Gabler, Universität Tübingen (Vizepräsident des DTB)
Rüdiger Bornemann, Ruhruniversität Bochum
Norbert Hölting, Georg-August-Universität Göttingen
Peter Klippel, Deutsche Sporthochschule Köln
Prof. Dr. Joachim Mester, Deutsche Sporthochschule Köln
Eitel Reetz, Technische Universität München
Dr. Waldemar Timm, Fredericiana-Universität Karlsruhe
Prof. Dr. Karl Weber, Deutsche Sporthochschule Köln

CIP-Titelaufname der Deutschen Bibliothek

Modelle zur Talentförderung im Tennis / Hrsg.: Hartmut Gabler ; Hans-Jürgen Mergner. Unter Mitarb. von Andrea Eith und Stephan Teuber. – 1. Aufl. – Ahrensburg bei Hamburg : Czwalina, 1990
(Beiträge zur Theorie und Praxis des Tennisunterrichts und -trainings ; 14)
ISBN 3-88020-214-1
NE: Gabler, Hartmut [Hrsg.]; GT

ISSN 0723-1407
ISBN 3-88020-214-1
1. Auflage/Ahrensburg 1990
Copyright by Verlag Ingrid Czwalina, D-2070 Ahrensburg bei Hamburg
Reesenbüttler Redder 75, Telefon (0 41 02) 5 91 90, Telefax (0 41 02) 5 09 92
Printed in the Federal Republic of Germany
Herstellung: WERTDRUCK, D-2000 Hamburg 73

Inhalt

Vorwort 5

1 **Trainings- und Wettkampfaufbau im Tennis – vom Kind bis zum »Profi«**
von HARTMUT GABLER 7

2 **Förderungskonzepte im Rahmen des DTB**

2.1 **Allgemeine Fördermaßnahmen in den Landesverbänden und im DTB**
von HANS-JÜRGEN MERGNER 23

2.2 **Aktion »Balltalente entdecken Tennis« des Württembergischen Tennis Bundes (WTB) – eine Längsschnittstudie**
von HARTMUT GABLER und JOACHIM HINDERER 32

2.3 **Talentförderung durch Schule und Verein als Kooperationsmodell am Beispiel der Projekte:**
Duisburg von DIETMAR HIERSEMANN 55
Osnabrück von GÜNTER WESTERMANN 67
Hamm von ROBERT HAMPE 74

2.4 **Talentförderung durch Verband, Sponsoren und Schule – Projekt Miesbach**
von MARTIN PRINZ 77

2.5 **Sportinternate**
Talentförderung im Sportinternat
von ANJA SEGSCHNEIDER 88
Tennisinternate
von HANS-JÜRGEN MERGNER 95

3	**Talentsuche und Talentförderung im Ausland**	
3.1	Talentförderung in Schweden von Hans-Jürgen Mergner	103
3.2	Zur Sozialisation schwedischer Spitzenspieler im Tennis – eine empirische Untersuchung von Rolf Carlson	107
3.3	Talentförderung in Frankreich von Stephan Teuber	130
3.4	»Taking care of tomorrow« – ein neuer Ansatz zur systematischen Talentsuche und Jugendförderung in den USA von Hans-Jürgen Mergner	137
4	**Abschließende Bemerkungen** von Hartmut Gabler und Hans-Jürgen Mergner	146
5	**Literaturverzeichnis**	148

Vorwort

Seit Jahren gibt der Sportwissenschaftliche Beirat des DTB im Rahmen dieser Reihe jährlich einen Band heraus, der die Beiträge des Seminars bzw. Symposiums vom Vorjahr, das der Beirat jährlich durchführt, umfaßt.
In diesem Jahr erscheint mit diesem Band eine zusätzliche Veröffentlichung, die nicht der bisherigen Regelung entspricht. Dabei handelt es sich um den Versuch, all die Konzepte, Aktivitäten und Modelle der Talentförderung im Tennis zu beschreiben und zusammenzufassen, die für die Landesverbände des DTB und den DTB selbst von Bedeutung sind und die in den letzten Jahren entwickelt und durchgeführt wurden. Die Arbeit an diesem Band wurde von der Annahme getragen, daß all diejenigen, die sich theoretisch und praktisch mit der Talentförderung befassen, daran interessiert sind, den neuesten Informationsstand zu erlangen. Insofern stellt dieser Band auch eine Fortsetzung des Bandes 8 »Talentsuche und Talentförderung im Tennis. Beiträge vom 1. Symposium des Sportwiss. Beirats des DTB 1983« dar, der 1984 in dieser Reihe erschienen ist.
Auch dieser Band enthält Beiträge verschiedener Autoren. Ihnen sei herzlich gedankt. Besonderer Dank gilt Andrea Eith und Stephan Teuber, die bei den Redaktionsarbeiten halfen.

Hartmut Gabler
Hans-Jürgen Mergner

1 Trainings- und Wettkampfaufbau im Tennis – vom Kind bis zum »Profi«

von Hartmut Gabler*

Betrachtet man die aktuelle Situation (Frühjahr 1990), dann befindet sich der DTB in einem extremen Hoch. Steffi Graf ist unangefochten die Nr. 1 in der Welt; Boris Becker, Weltranglistenzweiter und dreimaliger Wimbledonsieger, war 1989 der erfolgreichste Profi. Steffi und Boris gewannen 1989 am gleichen Tag den Wimbledontitel und an einem Wochenende die US-Open. Die Mannschaft des DTB gewann zweimal hintereinander den Davis Cup. Und (was in der Presse fast unterging) sowohl die Mädchen- als auch die Jungenauswahl des DTB sicherten sich im September 1989 in Asunción (Paraguay) die offiziellen Mannschaftsweltmeisterschaften der Juniorinnen und Junioren.
Ist dies eine zufällige Entwicklung, oder ist dies das Ergebnis eines systematischen Trainings- und Wettkampfaufbaus vom Kind bis zum Profi? Hierzu soll zunächst eine vorläufige Antwort gegeben werden: Steffi Graf und Boris Becker zusammen betrachtet ist sicherlich ein einmaliger Glücksfall. Aber ein Teil der derzeitigen Erfolge des DTB – berücksichtigt man auch, wieviel deutsche Spielerinnen und Spieler sich unter den ersten 100 der Weltrangliste befinden – ist sicherlich auch das Ergebnis einer systematischen Talentförderung in den Vereinen und Landesverbänden des DTB sowie auf der DTB-Ebene selbst.
Um eine differenziertere Antwort geben zu können, ist es notwendig, sich über einige Grundlagen zu verständigen. Denn das Thema umfaßt ja nicht nur die Talentförderung, sondern auch die Talentsuche, und damit stellt sich zunächst die Frage, was überhaupt unter einem Talent zu verstehen ist.
Häufig – vor allem im Alltagssprachgebrauch – wird der Begriff »Ta-

---

* Überarbeiteter Vortrag, gehalten im Rahmen des 4. Darmstädter Sport-Forums am 27. 11. 1989. Der Beitrag ist als einführendes und übersichtsorientiertes Kapitel zu verstehen, das sich mit anderen Kapiteln, insbesondere mit dem Kapitel 2.1, teilweise überschneidet.

lent« mit dem Begriff »Begabung« gleichgestellt und mit Angeborenem, Vererbtem und somit relativ Trainingsunabhängigem verbunden. Diese Begriffsbestimmung birgt jedoch eine Reihe von Problemen in sich. Das zentrale Problem besteht darin, daß – wie die Entwicklungspsychologie zeigt – Anlage *und* Umwelteinflüsse, die über Lernprozesse wirksam werden, unmittelbar miteinander verbunden sind. Wenn also die Entwicklung des Verhaltens und somit auch der Leistungen von einer Vielzahl von Bedingungen bestimmt werden, dann empfiehlt es sich, im Rahmen der Talentdefinition die alte Streitfrage, ob Entwicklungsprozesse eher von Erbfaktoren oder von Umwelteinflüssen bestimmt werden, nicht lösen zu wollen, sondern eher von einem offenen Ansatz auszugehen und zu klären, welche Bedingungen in welchem Altersabschnitt und in welchem Ausmaß sowie in welcher Art und Weise ihres Zusammenwirkens zur Entwicklung des Verhaltens beitragen. Diesem Ansatz entspricht folgende Definiton:

> Als sportliches Talent kann eine Person in einem *bestimmten Entwicklungsabschnitt* bezeichnet werden, die bestimmte *körperliche, motorische und psychische* Bedingungen aufweist, die bei günstigen *Umweltbedingungen* mit großer Wahrscheinlichkeit zu späteren *hohen Leistungen* führen.

Dieser offene Ansatz legt vier Fragen nahe, die sich aus der Definition ergeben.

1. In welchem Entwicklungsabschnitt soll das Talent gesucht und zur Förderung ausgewählt werden?

Zur Antwort können zwei wichtige Erkenntnisse herangezogen werden. Zum einen zeigt die Erfahrung, daß die Zeitspanne vom Beginn eines systematischen Leistungstrainings bis zum Erreichen der Hochleistungsphase etwa 8 bis 10 Jahre umfaßt. Zum zweiten wird in der allgemeinen Bewegungslehre immer wieder nachgewiesen, daß das beste Lernalter für den Erwerb motorischer Fertigkeiten in die Zeit der Vorpubertät fällt. Wenn wir demnach davon ausgehen, daß die wichtigsten Tennistechniken in diesem Altersabschnitt erlernt werden sollen, dann heißt dies zugleich auch, daß die Talentsuche im Altersbereich von etwa 8 bis 10 Jahren ansetzen muß.

2. *Welche körperlichen, motorischen und psychischen Voraussetzungen bestimmen die Leistungsentwicklung im Tennis?*

Faßt man die Erkenntnisse zu dieser Frage zusammen, dann sollten Talente im Tennis von Anfang an folgende Merkmale aufweisen:
– Schnelligkeit,
– Gewandtheit / Geschicklichkeit,
– Ballgefühl,
– motorische Lernfähigkeit,
– psychische Stabilität.

3. *Welche Umweltbedingungen müssen gegeben sein, damit sich die talentierten Kinder optimal entwickeln können?*

An dieser Stelle soll kurz auf einen Modellversuch des Württembergischen Tennis-Bundes eingegangen werden, in dem versucht wurde, bei der Talentsuche und -förderung neue Wege zu gehen (vgl. auch Kap. 2.2).

WTB-Aktion« Balltalente entdecken Tennis«: Obwohl sich vor allem in den 70er Jahren der Tennissport in Deutschland breiten Schichten geöffnet hat und inzwischen zu einem Breitensport geworden ist, ist die Suche nach Tennistalenten und ihre Förderung in jenen Jahren weitestgehend unsystematisch erfolgt. Besonders deutlich ist, daß die Maßnahmen der Talentsichtung im wesentlichen auf Kinder und Jugendliche in Tennisvereinen beschränkt waren. Viele der ohne Zweifel zahlreich vorhandenen Balltalente kamen im frühen jugendlichen Alter mit der Sportart Tennis kaum in Berührung. Eine Kommission des Württembergischen Tennis-Bundes erstellte deshalb 1981 auf der Basis dieser Grundüberlegungen das Konzept »Balltalente entdecken Tennis«. Mit diesem Konzept war der WTB bestrebt, ganz gezielt allgemein sportmotorisch talentierte Kinder im Alter von sieben bis zehn Jahren, die nicht in einem Tennisverein Mitglied waren, die also auch keine sog. Tenniseltern hatten, mit Hilfe von bestimmten Tests, die die Merkmale Ballgefühl, Schnelligkeit, Gewandtheit / Koordinationsfähigkeit, Ausdauer sowie Leistungsmotivation überprüfen, auszuwählen und dann zwei Jahre lang gezielt zu fördern. Die wesentlichen Merkmale dieser Förderung lassen sich wie folgt zusammenfassen:

- Die Kinder waren von Anfang an in den ausgewählten Vereinen (bei Beitragsfreiheit) integriert.
- Tennis stand im Mittelpunkt der Förderung, daneben erfolgte jedoch eine allgemeine sportliche Grundausbildung und eine Ausbildung in mindestens einem Mannschaftsspiel.
- Alle Gruppen arbeiteten nach einem vom Verbandstrainer erstellten Rahmentrainingsplan.
- Diese Aktion verstand sich als »Zweiter Weg«, d. h. als Ergänzung zur traditionellen Talentsichtung und -förderung im WTB, auf der Basis einer engen Kooperation zwischen Schule und Verein. Insgesamt wurden vom WTB in den Jahren 1981 bis 1988 352 Kinder gefördert. 28 Vereine beteiligten sich an der Aktion, die fünfmal durchgeführt wurde.

Die zentrale Frage, ob es möglich ist, tennisunerfahrene aber balltalentierte Kinder aufgrund von sportmotorischen Tests mit dem Ziel auszuwählen, daß eine Reihe von ihnen nach einer zweijährigen systematischen kostenlosen Förderung mit relativ hoher Wahrscheinlichkeit es schaffen, in die WTB-Förderung zu gelangen, kann noch nicht endgültig beantwortet werden. Wenn man davon ausgehen kann, daß etwa 10 % der geförderten Kinder den Sprung in die allgemeine WTB-Förderung geschafft haben (und evtl. einige noch hinzukommen), dann ist dieses zentrale Ergebnis – vergleicht man den mit dem Modell verbundenen Aufwand mit dem Aufwand, der in traditioneller Weise von den Vereinen zu erbringen ist – durchaus positiv zu bewerten. Allerdings ergab sich auch ein Wermutstropfen. Betrachtet man die Leistungsentwicklung dieser Kinder untereinander, dann zeigt sich, daß sich vor allem jene positiv entwickeln, die von ihren Eltern, die z. T. ebenfalls in den Verein eintraten, zusätzlich zu der Förderung durch den Verband unterstützt wurden. Erinnert sei deshalb noch einmal an die Ausgangsidee, nämlich gerade jene zu fördern, die keine Tenniseltern haben.
Es zeigt sich also, daß vor allem zu Beginn der Talentförderung die Familie nach wie vor einen ganz besonders wichtigen Faktor darstellt. Hinzu kommen selbstverständlich weitere Faktoren wie: Fähigkeiten des Trainers, Trainingsbedingungen, Unterstützung durch den Verein bzw. den Verband u. a.

4. Die vierte Frage lautet schließlich: *Wie hoch sollen die zu prognostizierenden Leistungen sein, und zu welchem Zeitpunkt sollen sie erreicht sein?*

Bei der Frage nach dem Prognosekriterium ist es wichtig festzulegen, welches Leistungsniveau angestrebt werden soll. Ist es die Ebene des Landesverbandes oder die Ebene der internationalen Spitze? Denn es ist leicht einsehbar, daß mit zunehmenden Leistungsanforderungen nicht nur höhere Anforderungen im Hinblick auf die einzelnen leistungsbestimmenden Faktoren gegeben sind, sondern daß auch im Rahmen dieser Faktoren immer weniger Ausgleich möglich ist. Diese Feststellung hat auch Einfluß auf den zweiten Teil der Frage, nach dem Zeitpunkt nämlich, zu dem die zu prognostizierenden Leistungen erreicht werden sollen. Es geht ja mit zunehmendem Leistungsniveau nicht nur darum, ein bestimmtes Fertigkeitsniveau zu erreichen, sondern es müssen auf diesem Niveau, das bei der heutigen Breite des internationalen Wettkampftennis relativ viele Spieler erreichen, im Rahmen eines Selektionsprozesses viele nahezu gleichwertige Konkurrenten ausgeschaltet werden, um z. B. unter die ersten 50 der Weltrangliste vorstoßen zu können. Dies zeigt auch, daß mit zunehmendem Leistungsniveau die unwägbaren Einflußfaktoren an Bedeutung zunehmen und die Leistungsprognose im Tennis deshalb besonders schwierig ist, weil es nicht darum geht, wie z. B. in der Leichtathletik, eine bestimmte meßbare Größe, z. B. 7,50 m im Weitsprung, zu erreichen, sondern sich in der Auseinandersetzung mit Konkurrenten durchzusetzen, deren Anzahl und Stärke zum Zeitpunkt der Leistungsprognose noch nicht abgeschätzt werden kann. Bei der Frage, zu welchem Zeitpunkt die zu prognostizierenden Leistungen erreicht werden sollen, ist es sinnvoll, zunächst von einem etwas niedrigeren Niveau auszugehen, z. B. von der Weltrangliste 100 bis 150 und dieses Niveau als Basis für den letzten Selektionsprozess anzusehen. Erfahrungen zeigen, daß noch einige Jahre an Training und insbesondere Wettkampferfahrung notwendig sind, um im Rahmen dieses Selektionsprozesses die Hochleistungphase erreichen und stabilisieren zu können.

Gehen wir nun davon aus, daß spätestens in der Vorpubertät mit dem systematischen Leistungstraining zu beginnen ist, daß das günstigste Leistungsalter im allgemeinen etwa zwischen dem 22. und 28. Lebensjahr liegt, daß davor etwa drei bis vier Jahre für die letzte Phase des Selektionsprozesses anzusetzen sind, dann ergibt sich für die zentrale Phase der Leistungsentwicklung etwa eine Spanne von 8 bis 10 Jahren, so daß die zu prognostizierenden Leistungen etwa in den Zeitraum des 18. bis 21. Lebensjahres fallen sollten. Anders formuliert: In diesem Alter sollte der Weltranglistenplatz in Richtung 100 erreicht werden; bis zu diesem Zeitpunkt läuft somit auch die zentrale Phase der Talentförderung.

Die Talentförderung im Tennis kann nach diesen theoretischen Vorüberlegungen, aber auch praktischen Erfahrungen, nunmehr in vier Abschnitte unterteilt werden, wobei der gesamte Rahmen dieser Aufbauphasen etwa 15 Jahre umfaßt:

1. Das Grundlagentraining in der Zeit der Vorpubertät.
2. Das Aufbautraining in der Zeit der Pubertät.
3. Das Hochleistungstraining zwischen dem 15./16. und dem 18. Lebensjahr.
4. Das Höchstleistungstraining zwischen dem 18./19. und dem 22./23. Lebensjahr.

Zu diesen einzelnen Abschnitten wird nun im folgenden Stellung genommen.

1. Das Grundlagentraining

Inzwischen hat sich in vielen Sportarten die Erkenntnis durchgesetzt, daß eine zu frühe Spezialisierung nicht sinnvoll ist. Im Tennis heißt dies, daß eine zu frühe Spezialisierung auf tennisspezifisches Training und Wettkampf im allgemeinen

– einerseits zu raschem Leistungsanstieg, andererseits jedoch
– zu einem Leistungsplateau im Jugendalter und zu nicht voll ausgeschöpften Leistungsmöglichkeiten sowie schließlich
– zu früher motivationaler Sättigung führt.

Wenn die Zeit der Vorpubertät das beste motorische Lernalter darstellt, dann sollte diese Entwicklungsphase vor allem dazu genutzt werden, daß in ihr eher vielseitige und allgemeine (also über das Tennis hinausgehen-

de) Bewegungsmuster erworben werden. Solche allgemeinen Bewegungsmuster führen mit hoher Wahrscheinlichkeit zu späterer, höherer sportartspezifischer Leistungsfähigkeit in den einzelnen Wettkampfsituationen. Denn solche Wettkampfsituationen sind ja immer wieder »neu«, auch deshalb, weil Gegner, Plätze, Bälle, Witterung usw. variabel sind.
Was heißt nun allgemeines und vielseitiges Grundlagentraining im Tennis konkret?
Zunächst einmal dies (vgl. hierzu auch DTB i. Dr.): Die »vielseitige, breite Grundlage« kann nicht beliebig zusammengestellt werden. Vielmehr sollte von tennisspezifischen, allerdings übergeordneten Bewegungsmustern ausgegangen werden. Solche übergeordneten Bewegungsmuster beziehen sich auf:

– Reaktionsfähigkeit,
– Antizipationsfähigkeit,
– Gewandtheit,
– Fuß-Treffpunkt-Koordination und
– Auge-Hand-Koordination.

Die mit solchen Faktoren zusammenhängenden allgemeinen Bewegungsmuster, die (auch) für das Tennisspiel grundlegend sind, können nun in breiteren und einfacheren Situationen geübt werden. So wird die Auge-Hand-Koordination beim Basketball, Korbball, Handball, Hockey, aber auch beim Jonglieren mit Tennisbällen, und die Fuß-Treffpunkt-Koordination wird beim Fußball, aber auch beim Seilspringen in verschiedenen Variationen geübt. Die genannten Spiele sollen nun nicht im Sinne eines Ausgleichs zum Tennis (sozusagen als Belohnung) gespielt werden. Vielmehr sollen diese sportartspezifischen Muster systematisch verbessert werden; d. h., es soll beispielsweise beim Fußball beidseitig gepaßt, links und rechts im Slalom gedribbelt, und beim Fußballtennis soll z. B. »zwei gegen einen« gespielt werden.
Der Begriff »vielseitiges Grundlagentraining« muß sich aber auch auf die Tennistechnik direkt beziehen, d. h., daß bis zur Vorpubertät alle Bewegungsmuster, die für die spätere Wettkampftechnik grundlegend sind, in der Grobform geübt werden sollten.
Bei der Frage, welche praktischen Konsequenzen für die Praxis sich aus solchen Vorstellungen ergeben, wird im Blick auf den Aufbau einer

durchschnittlichen Trainingswoche folgendes empfohlen: Für Zehn- bis Zwölfjährige sollte der Trainingsumfang zwischen einem unteren Limit von 6 Stunden und einem oberen Limit von 12 Std. wöchentlich liegen. Dabei ergibt sich folgende Aufteilung am Beispiel von 10 Std. wöchentlich:

- 4 x 2 Std. (60 Minuten-Std.) Tennistraining; innerhalb dieser 8 Std. sollten jedoch 3 Std. konditionell orientiert sein;
- 2 Std. allgemeines Konditionstraining.

Dies bedeutet, daß insgesamt etwa 50 % eher auf die allgemeinen Grundlagen (2 Std. allg. Konditionstraining und 3 Std. konditionell orientiertes Tennistraining) und 50 % eher auf die Tennistechnik im engeren Sinne ausgerichtet sind.

Diese Empfehlungen gelten (aus der Sicht des DTB) für das übergeordnete Ziel, später nationale und internationale Leistungen zu erreichen. Es ist selbstverständlich, daß diese Empfehlungen nicht stets sinnvoll und überall realisierbar sind; und es sollte auch berücksichtigt werden, daß in späteren Altersstufen durchaus von einer gewissen Aufholbarkeit ausgegangen werden kann. Die Empfehlungen zeigen jedoch ebenfalls, wie je nach Zielsetzung (z. B. in einem Verein, der eher mittlere Ziele verfolgt und weniger Training anbieten kann) der jeweils mögliche Trainingsumfang aufgeteilt werden kann (nämlich 50 : 50).

Es soll nun nicht der Eindruck entstehen, diese Sichtweise des Grundlagentrainings habe sich im DTB bereits auf allen Ebenen durchgesetzt. Die zentralen Probleme der Realisierung des Grundlagentrainings im Tennis sind folgende:

- Viele Übungsleiter, Trainer und Jugendwarte in den Vereinen und Bezirken verfügen noch nicht über genügende Kenntnisse zum Grundlagentraining.
- Vor allem die Eltern sind aufzuklären. Denn viele Eltern können es überhaupt nicht verstehen, wenn der Trainer auch noch etwas anderes als das Tennisspiel anbietet, ja fordert.
- Bei der Organisation des allgemeinen Trainings außerhalb des Tennisplatzes gibt es häufig Schwierigkeiten; vor allem im Winter fehlt es an Hallenkapazitäten.

- Ein besonderes Problem besteht darin, daß das Grundlagentraining zunächst einmal einen geringeren Leistungsanstieg im Tennis nach sich zieht, d. h. also auch, daß andere, die sich sehr früh spezialisieren, vorübergehend »vorbeiziehen«. Hier sind Geduld und Weitsicht notwendig. Was den DTB betrifft, so wird versucht, die Bedeutung von Ranglisten und überregionalen Meisterschaften in diesem Entwicklungsabschnitt zu reduzieren.

Deshalb finden für Kinder unter zehn Jahren nur regionale Sichtungsturniere statt. Für Elf- bis Zwölfjährige wurde vor einigen Jahren der Titel »Deutsche Jugendmeisterschaften« abgeschafft und durch den Namen »Sport-Goofy-Trophy« ersetzt. Auf dieser Ebene bestehen auch keine internationalen Wettkämpfe, und schließlich wurde vor drei Jahren ein neuer Wettbewerb für diese Altersklasse IV der Elf- bis Zwölfjährigen ins Leben gerufen, nämlich der Mannschaftsmehrkampf »DTB-Talent-Cup«, der dem Grundlagentraining in besonderem Maße Rechnung trägt.

DTB-Talent-Cup: Dieser Wettkampf soll in direktem Bezug zum Grundlagentraining stehen, ja in gewisser Weise seine »Krönung« darstellen. Dabei wird davon ausgegangen, daß die Einführung eines solchen Wettbewerbs auf Kinder dieses Alters besonders motivierend wirkt. Der Mehrkampf wurde aufgrund folgender Überlegungen zusammengestellt:

1. Es soll ein Mannschaftswettbewerb sein, damit bereits in diesem Alter das Mannschaftsgefühl gefördert wird, was häufig in Individualsportarten vernachlässigt wird. Deshalb gibt es auch im Konditionsteil keine Individualbewertungen, sondern nur Staffelwettbewerbe: eine Geschicklichkeitsstaffel, eine Sprungstaffel, eine Medizinballstaffel und eine Laufstaffel.
2. Die Mannschaften sollen gemischt sein, d. h., Knaben und Mädchen kämpfen zusammen, um die Notwendigkeit der frühzeitigen Talentförderung bei beiden Geschlechtern zu verdeutlichen. Jede Mannschaft besteht aus vier Mädchen und vier Jungen.
3. Der Tenniswettkampf spielt im Rahmen des Mehrkampfs keine dominierende Rolle.
4. Neben dem Tennisspiel ist stets eine weitere Ballsportart vertreten,

um die allgemeine Gewandtheit und Ballgeschicklichkeit auf breiter Basis zu fördern.
5. Alle Disziplinen des Mehrkampfs sollen ohne großen materiellen, zeitlichen, organisatorischen und Regel-Aufwand direkt auf dem Tennisplatz oder unmittelbar daneben durchführbar sein. Der Mehrkampf soll überschaubar sein, die Teilnehmer sollen zu jeder Zeit den aktuellen Punktestand verfolgen können. Kindgemäßheit, Spaß und Freude am gemeinsamen Wettbewerb sollen im Vordergrund stehen.

2. Das Aufbautraining

Während man die Pubertät vor einigen Jahren noch als »Schonzeit« betrachtete, hat sich inzwischen vor allem aufgrund sportmedizinischer und trainingswissenschaftlicher Untersuchungsergebnisse die Erkenntnis durchgesetzt, daß Kinder bzw. Jugendliche in dieser Phase der Entwicklung sehr gut trainierbar sind. Deshalb muß das Konditionstraining im engen Sinne, also die Optimierung der leistungsbestimmenden physischen Faktoren, insbesondere Kraft und Ausdauer, den Abschnitt des Aufbautrainings als weiteren Schwerpunkt kennzeichnen. Gleichzeitig beginnt jetzt die eigentliche Spezialisierung. Sie zielt nicht nur auf die Ausprägung der Technik hin zum individuellen Stil, sondern sie zielt auch auf eine systematische Wettkampfplanung.

In der Phase des Aufbautrainings kommt es nun zur ersten Schnittstelle zwischen den Aufgaben und Interessen der Landesverbände, Bezirke und Vereine einerseits und des DTB andererseits. Denn in dieser Phase erfolgt häufig bereits eine Vorentscheidung darüber, ob es für das Talent nach einer Vorstufe der Förderung durch den DTB sinnvoll ist, anschließend den Weg in das Profitennis zu beschreiten, d. h. in der darauf folgenden Hauptstufe gezielt in diese Richtung gefördert zu werden. Während in der Stufe des Grundlagentrainings die Vereine mit dem jeweiligen Bezirks- und Landesverband eng zusammenarbeiten sollten, ist in der sog. Vorstufe die Zusammenarbeit von Landesverband und DTB dringend geboten. Sie wird seit kurzem wie folgt praktiziert.

1. Pro Jahr werden fünf bis zehn Jungen und fünf bis zehn Mädchen in die Vorstufe aufgenommen.

2. Die Förderung erstreckt sich über zwei Jahre. Zu Beginn des zweiten Jahres wird überprüft, ob die Förderung fortgesetzt wird.
3. Die Talente bleiben in der Vorstufe voll im Verein und Verband integriert. Die zentrale Verantwortung für die Förderung tragen Verbandstrainer/Verbandsjugendwart. Sie schließen einerseits Förderverträge mit den Eltern der Talente und andererseits Vereinbarungen mit dem DTB.
4. Der DTB unterstützt die Förderung in Ergänzung zu den Förderungsmaßnahmen von Verein und Verband durch jährliche Zuschüsse für Training, Fahrtkosten, Turniere, physiotherapeutische Maßnahmen und schulische Nachhilfemaßnahmen. Außerdem führt der DTB für diese Talente Lehrgänge auf zentraler oder regionaler Ebene durch.
5. Die Entscheidung über die Aufnahme der Talente in die Vorstufe trifft auf Vorschlag des jeweiligen Bundestrainers ein Gremium, in dem neben den Bundestrainern auch der Trainerbeirat und ein Mitglied des Sportwissenschaftlichen Beirats vertreten sind.

Neuerdings gibt es auch im Rahmen dieser Vorstufe bzw. des Aufbautrainings eine weitere flankierende Unterstützung durch einen DTB-externen Sponsor. Unter der Schirmherrschaft von Steffi Graf startet die KKB (die deutsche Tochter der internationalen City-Bank) mit dem »KKB-Cup Steffi Graf« ein ganz besonderes Programm zur Förderung des weiblichen Tennisnachwuchses in Deutschland.

Der von der KKB gesponserte Cup wird zwischen Juli und November eines jeden Jahres auf drei Ebenen ausgetragen: In der ersten Stufe, die in 50 Vorturnieren auf lokaler Ebene ausgetragen wird, kann sich jedes Mädchen unter 14 Jahren bei seinem Tennisverein oder in einer KKB-Zweigstelle melden. Im Rahmen der fünf Regionalturniere und im anschließenden Nationalen Turnier werden die absolut besten Spielerinnen ermittelt. Man geht davon aus, daß jährlich aus einem Teilnehmerfeld von bis zu 1600 Spielerinnen im Alter bis zu 14 Jahren die besten Talente ermittelt werden können. Die ersten drei des Nationalen Turniers werden dann von der KKB gefördert, wobei die Förderungsmittel entsprechend der Plazierung abgestuft sind. Die Förderung konzentriert sich in erster Linie auf sportliche und trainingsunterstützende Maßnahmen; sie kann sich aber auch auf flankierende Bereiche ausdehnen, wie z. B. psycholo-

gische Betreuung oder Hilfestellung bei der schulischen und beruflichen Ausbildung.
Welche Bedeutung dieser Weg der Talentförderung hat, wird die Zukunft zeigen müssen. Daß neue Wege gegangen werden, ist sicherlich notwendig. Daß es jedoch auch einer sorgsamen Prüfung dieses Weges bedarf, bei dem sich klassische DTB-interne Strukturen der Talentförderung und neue DTB-externe Sponsor-Fördermaßnahmen überschneiden, liegt ebenfalls auf der Hand.

3. Das Hochleistungstraining

Die zentrale Aufgabe in der Phase des Hochleistungstrainings besteht darin, ein ausgewogenes Verhältnis von Trainings- und Wettkampfanteilen herzustellen. Was die Wettkämpfe betrifft, so ist ein allmählicher Übergang von der Teilnahme an Jugendturnieren zur Teilnahme an Erwachsenenturnieren sinnvoll.

Wie bereits bei der Charakterisierung der Vorstufe angesprochen, ist häufig am Ende der Vorstufe ein erstes Urteil darüber gefordert, ob der Weg in das Profitennis sinnvoll ist. Zentrales Ziel für die Fördergruppen des DTB in der Hauptstufe ist es dann, den Anschluß im Profitennis zu finden. Konkrete Zielvorgabe für die Mädchen ist der Weltranglistenplatz 50, für die Jungen der Weltranglistenplatz 100. In dieser Stufe der Hauptförderung wird die Konkurrenz privater Förderer angenommen, nicht zuletzt deshalb, um die Spielerinnen und Spieler so lange und so eng wie möglich an den DTB zu binden. Dies kann nur gelingen, wenn der DTB jenen, die aus der Vorstufe übernommen werden, ein konkretes Programm vorlegt: finanzielle Unterstützung, Training, Wettkampfplanung, Wettkampfbetreuung durch Coach, ggf. Ausbildungsprogramm im tennisexternen Bereich. Folgende Prinzipien, Formen und Maßnahmen kennzeichnen die Hauptstufe:

1. Die Förderung erstreckt sich über zwei Jahre. Sie umfaßt damit in der Regel die Altersstufe 15 bis 17 bei den Mädchen, bzw. 16 bis 18 bei den Jungen.
2. Es gibt verschiedene Formen der Förderung:
   a) Fördergruppe (in der Regel mit vier Jungen bzw. vier Mädchen) – die Bildung einer solchen Gruppe ist für die einzelnen Gruppen-

mitglieder verbunden mit der Lösung von Schule, Verband und Verein.
b) Individuelle Förderung – sie kommt in Frage, wenn die Fördergruppe nicht zustande kommt oder wenn die Fördergruppe im zweiten Jahr der Hauptstufe aufgrund unterschiedlicher Ranglistenplätze und damit verbundener Wettkampfplanung nicht mehr zusammengehalten werden kann.
c) In Ausnahmefällen können einzelne, die noch zur Schule gehen und das Abitur anstreben, ebenfalls individuell gefördert werden.
d) Jene, die bereits zu Beginn der Stufe der Hauptförderung über einen Privatcoach/Sponsor verfügen oder noch in der Verantwortung des Verbandes verbleiben, können von Fall zu Fall unterstützt werden.
3. Für die Mädchen bzw. die Jungen stehen jeweils ein Coach, unterstützt durch den jeweiligen Bundestrainer, zur Verfügung.
4. Die Betreuung der Spielerinnen und Spieler durch den DTB erstreckt sich von der Trainings- und Wettkampfplanung über konkrete Trainingsmaßnahmen und Wettkampfbetreuung bis zur ärztlichen Betreuung und der Vermittlung wichtiger theoretischer Kenntnisse (Vorbeugung und Behandlung von Verletzungen, Ernährung, Trainingsplanung, Psychologie im Tennis u. a.).
5. Neben der tennisspezifischen Förderung kann für die Fördergruppe eine Ausbildung vorgesehen werden (in Form von Kursen, lehrgangs- und turnierbegleitenden Maßnahmen) im Hinblick auf EDV-, Sprach- und kaufmännische Kenntnisse.
6. Die Kosten für die Turnierreisen der Spielerinnen und Spieler übernimmt weitgehend der DTB, d. h., er trägt alle Aufwendungen für Trainer, Bälle, Tennisplätze, Fahrtkosten sowie Übernachtungen in angemessenen Hotels und Spesen, entsprechend den DTB-Reisekostenrichtlinien. Die Spieler ihrerseits müssen ein Drittel ihrer Preisgelder an den DTB abführen.

Zur Zeit gibt es bei den Mädchen eine Fördergruppe, das Junior-Federation-Cup-Team; bei den Jungen steht zur Zeit die individuelle Förderung im Vordergrund, da keine homogene Fördergruppe gebildet werden konnte.

4. Das Höchstleistungstraining

Das Höchstleistungstraining dient dem Ziel, den Durchbruch zur Spitze zu erreichen, d. h., wie bereits an früherer Stelle dargestellt, sich im Rahmen eines abschließenden Selektionsprozesses in der absoluten Spitze durchzusetzen. Der Beginn dieses Abschnitts ist häufig durch einen abrupten Übergang gekennzeichnet, insbesondere durch eine zu rasche Abnabelung von der Förderung durch den Verband bis hin zu völliger Selbständigkeit. Deshalb hat der DTB nach der Hauptstufe der Förderung noch eine sogenannte Übergangsstufe eingerichtet. Ziel dieser Übergangsstufe ist es demnach, den jungen Spielerinnen und Spielern zu helfen, im Profitennis in zunehmendem Maße selbständig zu werden. Deshalb werden von Fall zu Fall einzelne Spielerinnen und Spieler über den Assistenten des DTB-Teamchefs der Herren bzw. der Damen (ggf. auch durch die Bundestrainer) betreut. Diese Betreuung konzentriert sich vor allem auf die großen Turnierreisen.
Gelingt den jungen Profis der Durchbruch, dann werden sie nunmehr in die A- bzw. B-Kaderförderung aufgenommen.
Nun sind sie einerseits in ihrem Selbstverständnis selbständige Unternehmer, d. h., sie investieren Training, Flugreisen, Hotelunterkunft usw., um in Turnieren daraus Profit zu schlagen. Andererseits sind sie aber auch als Arbeitnehmer der Turnierveranstalter zu sehen – aus diesem Grunde schließen sich auch die deutschen Profis in zunehmendem Maße im Sinne einer gewerkschaftlichen Orientierung zusammen.
Der Weg vom Kind bis zum Profi ist ein sehr langer und dornenreicher Weg. Für diejenigen, die ihn begleiten, ist er mit sehr viel Verantwortung verbunden. Denn ein entwicklungsgemäßer Leistungsaufbau bedeutet, daß die physische Trainierbarkeit und die psychische Belastbarkeit im Laufe der Entwicklung im Kindes-, Jugend- und Nachwuchsalter so zu dosieren sind, daß einerseits die physischen und psychischen Entwicklungsmöglichkeiten optimal im Sinne eines höchstmöglichen Endniveaus der sportlichen Leistung ausgeschöpft werden, ohne daß es andererseits zu physischen und psychischen Überforderungen kommt.
Daß es hier noch offene Fragen gibt, liegt auf der Hand. Und daß es zu einzelnen Überforderungen kommen kann, d. h., daß das Scheitern bei manchen, die sich vor allem zu hohe Ziele stecken, teilweise zwangsläufig

ist, sollte als systemimmanente Konsequenz verstanden werden. Trotzdem ist die sog. *Talentbewahrung* im Tennis kaum ein Problem. Denn es gibt so viele Wettkampfmöglichkeiten auf unterschiedlichen Ebenen, und das Belohnungssystem für Erfolge auch auf mittleren und unteren Leistungsebenen ist so ausgeprägt, daß das soziale Auffangnetz als sehr eng bewertet werden kann, so daß es kaum echte Aussteiger gibt. Trotz dieses engen Fördernetzes kann ein solch langfristiger Trainings- und Wettkampfaufbau vom Kind bis zum Profi über ca. 15 Jahre nur dann gelingen, wenn das ihn tragende Förderungssystem in sich geschlossen und in das dieses Förderungssystem umgebende gesellschaftliche und sportpolitische System eingebettet ist. Dies bedeutet in unserem föderalen System vor allem, daß auf und zwischen den zwei Ebenen Bund und Land auf der Basis eines Gesamtkonzepts systematisch koordiniert und kooperiert wird, d. h. also zwischen den Jugendwarten und Sportwarten einerseits und Landestrainern und Bundestrainern andererseits. Daß es hier zu mancherlei Reibungsverlusten kommt, liegt auf der Hand. Und daß gerade neuere Entwicklungen der Talentförderung durch Sponsoren den Versuch, das DTB-interne Förderungssystem in sich geschlossen zu machen, evtl. gefährden, ist nicht von der Hand zu weisen. Vielleicht kann man sich mit folgendem Schlußsatz trösten: Wenn trotz aller Planung die Wimbledonsieger nicht programmierbar sind – und dessen kann man sicher sein – dann sollte man nicht vergessen, daß es gerade auch im Hochleistungssport einen besonderen Reiz darstellt, wenn sich Überraschungen und ungeahnte Entwicklungen einstellen.

2 Förderungskonzepte im Rahmen des DTB

2.1 Allgemeine Fördermaßnahmen in den Landesverbänden und im DTB

von HANS-JÜRGEN MERGNER

Die Leistungssportförderung des DTB und seiner Landesverbände orientiert sich im wesentlichen an der Sportförderung des DSB. Die Zuständigkeiten für die A, B und C-Kader liegen beim DTB, für die D-Kader bei den Landesverbänden und für die E-Kader, als erste Stufe des Kadersystems, bei den Bezirken / Kreisen der Verbände (vgl. Abb. 1).

Abb. 1: Kadereinteilung im Bereich des DTB.

DTB	Altersgruppe	Zuständigkeit	Trainingsstätten	Förderart
A-Kader	ab 18 Jahre	DTB	Olympia-Stützpunkt	Leistungsförderung
B-Kader	ab 18 Jahre	DTB	Bundes-Leistungszentrum (BLZ)	Leistungs-Förderung
C-Kader	13–18 Jahre	DTB	Landes-Leistungs-Zentrum (LLZ)	Leistungs-/Talent-Förderung
D-Kader	10–18 Jahre	Landesverband	LLZ; Landesstützpunkte	Talentförderung
E-Kader	8–14 Jahre	Bezirke Kreise	Bezirksstützpunkte	Talentförderung

Fördermaßnahmen in den Landesverbänden

Die Fördermaßnahmen der Verbände stützen sich in erster Linie auf die Mitarbeit der Vereine und ihrer Mitarbeiter. Im allgemeinen werden in den Vereinen, entsprechend ihrem Auftrag, Kinder und Jugendliche bis zum 18. Lebensjahr gefördert.
Innerhalb des Kinder- und Jugendtrainings werden motorisch begabte Kinder von den Übungsleitern oder Trainern erkannt und auf spielerische Art trainiert. Das Training findet in den Vereinen statt. Sofern Hallen vorhanden sind, wird ganzjährig trainiert. Ein Konditionstraining für Jugendliche wird nur vereinzelt angeboten. Eigene Konditionstrainer stehen lediglich in Spitzenvereinen zur Verfügung. Im allgemeinen tragen die Eltern einen Großteil der Finanzierung des Trainings.
Abhängig vom Engagement der Tenniseltern, der Vereinstrainer und -funktionäre setzt bereits in den Vereinen eine Differenzierung in verschiedene Leistungsgruppen ein. Vereinsjugendwart und Trainer bilden im allgemeinen das Gremium, das über Häufigkeit, Umfang und Bezuschußung der Vereinsförderung entscheidet.
Die *Bezirke* oder *Kreise*, denen die Vereine angehören bilden die zweite Stufe der Talentförderung.
Das Überwachen der Verbandsrunde, die Durchführung von Bezirksmeisterschaften und die Organisation eines ganzjährigen Bezirks-/Kreistrainings stellen die Hauptaufgaben der Jugendförderung dar. Das verantwortliche Gremium ist der Bezirks-/Kreisrat. Der Jugendwart bzw. die Jugendwarte haben den Vorsitz. Immer häufiger versuchen die Bezirks-/Kreisjugendwarte hauptamtliche Trainer oder Ausbilder zu engagieren, die die Fragen der Auswahl in die Talentfördergruppen und der Trainings- und Turnierplanung wesentlich mitgestalten. Abhängig vom finanziellen Rahmen, der vor allem vom Landesverband gesteckt wird, sind die Bezirke/Kreise darüberhinaus für die Organisation der Förderung selbst verantwortlich.
In der Vergangenheit wurden Gelder an die Heimvereine zur Unterstützung ihrer Talente ausbezahlt. Jetzt wird eher dazu übergegangen, die Talente in Stützpunkten zusammenzuziehen. Der Vorteil liegt in der Zusammenstellung homogener, altersgleicher Leistungsgruppen in denen Leistungssteigerungen durch Konkurrenz erreicht werden können.

Die Kinder, die am Bezirks-/Kreistraining teilnehmen dürfen, erhalten in der Regel eine bis zu 50 %ige Unterstützung durch die Bezirke/Kreise. Zum Teil übernehmen die sportlich engagierten Vereine die anderen 50 %, so daß die finanzielle Belastung für die Eltern der am Fördertraining teilnehmenden Kinder völlig entfällt.
Aufgrund der relativ kleinen Einheit Verein – Bezirk/Kreis (100–150 Vereine) scheint das Geflecht zur Talentfindung relativ eng zu sein.
Wie gestaltet sich nun die Talentsuche in den einzelnen Bezirken/Kreisen?
Am Beispiel des Bezirks 6 (zwischen Reutlingen und Esslingen) des Württembergischen Tennis Bundes soll die Talentsuche und -förderung beschrieben werden.
Üblicherweise beobachtet der im Bezirk tätige Bezirkstrainer Kinder im Alter von neun Jahren und jünger bei den (z.T. bereits als Mehrkampf ausgeführten) Bezirksmeisterschaften der Altersklasse V, die im allgemeinen in den Pfingstferien stattfinden. Schicken die Vereine Kinder zu diesen »Sichtungen«, dann werden sie vom Bezirkstrainer (ggf. mit Helfern) anhand von sportmotorischen Tests geprüft. Tennis steht dabei zunächst im Hintergrund. Nach diesen je zweitägigen Veranstaltungen bekommen die Vereinstrainer Beurteilungsbogen, und die sportmotorisch auffälligsten Kinder werden zu einem zweieinhalbtägigen Lehrgang am Ende der Sommerferien eingeladen. Dort werden (neben Tennis) die motorische Lernfähigkeit, die Motivation und das Durchhaltevermögen beobachtet. Danach erfolgt die Auswahl zum Bezirkstraining.
Das Bezirkstraining findet in einer ersten Phase einmal wöchentlich in einer Gruppe mit drei bis vier Kindern 90 Minuten lang statt. 15 Minuten Aufwärmen und 45 Minuten Konditionstraining bilden den Rahmen der Trainingseinheit. Dieses Training wird ganzjährig durchgeführt und je nach Engagement des Vereins und Motivation des Kindes auf zwei Trainingseinheiten im Bezirk erhöht. Die Trainer des E-Kaders haben im allgemeinen die B-Lizenz und sind staatl. gepr. Tennislehrer, einige haben zusätzlich ein Sportstudium abgeschlossen. Eine Sportlehrerin und Tennis-Übungsleiterin leitet das Konditionstraining.
Am Bezirkskadertraining können Kinder vom achten bis zum 14. Lebensjahr teilnehmen. Wer bis zu diesem Zeitpunkt den Sprung in den D-Kader (die dritte Stufe der Verbandsförderung) nicht geschafft hat, wird

von der talentbezogenen Förderung des WTB ausgeschlossen. Anschließend besteht nur noch die Möglichkeit, über sehr gute Leistungen in Turnieren in die Förderung des WTB aufgenommen zu werden.
Auch über Trainerempfehlungen können (allerdings nur in seltenen Fällen) noch Kinder in die Förderung aufgenommen werden. Die Gesamtmöglichkeiten, in dieses Förderungssystem zu gelangen, scheinen groß zu sein, zumal sich Vereins-, Bezirks-, und Verbandstrainer um die Aufgabe der Talentsuche kümmern.
Bereits während des Bezirksfördertrainings beobachten die Verbandstrainer die Entwicklung der Kinder, indem sie in unregelmäßigen Abständen die Bezirksstützpunkte besuchen.
Die Bezirksförderung stellt immer ein ergänzendes Trainingsangebot zum Vereinstraining dar. Das Bezirkstraining ist allerdings dort besonders wichtig, wo Talente aus kleinen Vereinen zu unterstützen sind, da dort häufig noch keine optimalen Trainingsbedingungen gegeben sind.
Ein Mangel dieser Form der Talentsuche, -förderung und -auswahl liegt darin, daß über die Sichtungen lediglich Kinder (bzw. Eltern) angesprochen werden, die bereits in Vereinen Mitglieder sind (vgl. METZGER 1984), da die Ausschreibungen bzw. Einladungen in der Regel über die Verbands- oder Bezirksnachrichten verschickt werden und somit die Ausschreibungen lediglich an den Vereinsvorsitzenden, an den Jugend- oder an den Sportwart, gelangen.
Die dritte (und höchste) Stufe der allgemeinen Fördermaßnahmen auf *Verbandsebene* stellt die Zugehörigkeit zum *Verbandskader* (D/C-Kader) dar. Der Weg soll im folgenden ebenfalls am Beispiel des Fördersystems des Württembergischen Tennis Bundes aufgezeichnet werden.

Die Verbandssichtung: Bei der Sichtung des Verbandes, die halbjährlich an zwei Orten (Kirchheim/Teck und Bietigheim) stattfindet, werden alle Kinder von den anwesenden Trainern (Verbands-, Bezirks- und Vereinstrainern) anhand eines Beurteilungsbogens beobachtet. Zugelassen sind diejenigen Kinder, die bei den Bezirkssichtungen der acht Bezirke des WTB gut abgeschnitten haben und von den Bezirksjugendsportwarten gemeldet wurden. Der Verbandsjugendsportwart entscheidet − nach Rücksprache mit den Verbandstrainern −, über eine D- oder E-Kaderförderung der einzelnen Kinder. Zuweilen wird in den Sommerferien eine weitere »Feinsichtung« durchgeführt, die anhand einer weiteren Beobachtung Aufschluß über die laufenden und geplanten Förderungsmaßnahmen geben soll.

Das Verbandstraining: Ist ein Kind in die D-Kaderförderung des Verbandes aufgenommen, dann findet ein Training statt, das von den Verbands- und Stützpunkttrainern durchgeführt wird. Am Anfang wird zwei- bis dreimal pro Woche trainiert, der Umfang des Trainings beträgt zweieinhalb Stunden incl. Konditionstraining. Die Trainingsgruppe besteht in der Regel aus vier Kindern, die auf zwei Plätzen trainieren. Später wird die Reizdichte dadurch erhöht, daß die Trainingsgruppe auf drei Personen (auf zwei Plätzen) reduziert wird. Zweimal jährlich wird der Kader zu einem Trainingslager eingeladen, um über eine sprunghafte Belastungssteigerung ein neues Leistungsniveau zu erreichen. Im Frühjahr, als Vorbereitung für die Sandplatzsaison, stehen im Trainingslager auch motivationale Gesichtspunkte im Vordergrund.

Konditionstests: Der Konditionstrainer führt vierteljährlich Konditionstests durch. Die Ergebnisse dienen als Basis für den Konditionstrainingsplan des folgenden Quartals und werden den Heimtrainern sowie den Kindern/Eltern zugeschickt. Eine mangelnde körperliche Fitness kann auch zum Ausschluß aus der Kaderförderung führen.

Zur sportmedizinischen Betreuung: Einmal jährlich wird am Sportmedizinischen Institut der Universität Tübingen sowie am Olympiastützpunkt in Stuttgart-Bad Canstatt anhand der Laufbandergometrie ein Belastungs-EKG durchgeführt. Die Muskelfunktionsdiagnostik nach JANDA wird seit 1986 im Verband angewandt und parallel zur Konditionsüberprüfung durchgeführt. Bereits nach zwei Jahren lassen sich vor allem bei den jüngeren Spielern Verbesserungen im Beweglichkeitsbereich durch regelmäßige funktionelle Gymnastik beobachten. Für die Verbesserung der intramuskulären Koordination werden mit den Kindern seit drei Jahren regelmäßig Stabilisierungsübungen in Form von isometrischem Krafttraining durchgeführt. Für die Verbesserung der intermuskulären Koordination steht im Landesleistungszentrum ein Kraftraum zur Verfügung. Während die sich in der Pubertät befindlichen Jugendlichen lediglich ein Muskelaufbautraining absolvieren, wird bei den Älteren das

Krafttraining periodisiert und der Schwerpunkt verstärkt auf das Schnellkrafttraining gelegt. Dies wird während der Wettkampfphase allerding reduziert.

Betreuung: Der Württembergische Tennis Bund setzt qualifizierte Trainer für die Betreuung der Auswahlspieler bei den Turnieren ein. Zwei Ziele werden dabei verfolgt.

Das erste Ziel besteht darin, daß die Mitglieder der Gruppe durch die Führung erfahrener Trainer lernen, sich bei Reisen so zu verhalten, daß optimale Leistungen im Wettkampf erzielt werden können. Der Trainer hat dabei zum einen die Aufgabe, die einzelnen Mitglieder der Gruppe auf die Gegner einzustellen (sportinterne Vorbereitung), zum anderen ist er für die sportexterne Betreuung (Organisieren von Trainingsplätzen, Übernachtungen etc) zuständig. Eine weitere wichtige Aufgabe liegt in der pädagogischen Betreuung der Gruppe. Der Trainer hat hier die Aufgabe eines Erziehers zu übernehmen. Durch viel pädagogisches Geschick kann die Turnierreise zum Erlebnis werden, wobei sich eine Gruppendynamik entwickeln kann, die sich nicht nur aus motivationspsychologischer Sicht positiv auf die Leistungsbereitschaft der Gruppe auswirkt, sondern sich auch sozialpädagogisch für die einzelnen Personenen innerhalb der Gruppe als wichtig erweist.

Das zweite Ziel ist die Entlastung der Eltern. Wenn die Wettkämpfe über 4 Tage mehrere 100 km von Zuhause entfernt stattfinden, ist der Aufwand der Eltern meist nicht mehr zu bewerkstelligen. Hier übernimmt der Verband die Aufgabe der Entlastung. Mit der Betreuung durch den Verband sind auch die Ansprechpartner während eines Turnieres definiert. Eltern sind keine Fachexperten und meist nicht mit der nötigen Geduld ausgestattet, die ein Kind gerade in schwierigen Matchsituationen braucht, um die Lage optimal zu bewältigen.

Zeigen die geförderten Kinder während ihrer Förderung im D-Kader sehr gute Leistungen, dann können sie vom Verbandsjugendwart – nach Absprache mit den Verbandstrainern – für eine C-Kadernominierung des DTB vorgeschlagen werden.

Finanzierung: Um eine optimale Sportförderung zu bieten und die Kosten für die Eltern möglichst gering zu halten, versucht der Landesverband die Teilnehmer des D-Kaders finanziell zu entlasten. Das Training durch die Verbandstrainer ist kostenfrei und die Meldung sowie Betreuung für bestimmte Turniere wird vom Verband vollständig übernommen.

Fördermaßnahmen auf Bundesebene

Die vierte Stufe der Talentförderung im Deutschen Tennis Bund wird vom DTB selbst mit seinen Bundestrainern in Absprache mit den Verbandsfunktionären und -trainern übernommen.
Der DTB »sichtet« durch die Bundestrainer in Absprache mit den Landestrainern Kinder ab dem 12. Lebensjahr. Der DTB sieht insgesamt vier Stufen vor, wobei die höchste Stufe der A-Kader (Davis-Cup bzw. Federation-Cup Team) darstellt.

Die Vorstufe: Die Vorstufe (C-Kader) ist die erste Stufe und hat als Zielsetzung die technische und konditionelle Spezialisierung der Person. Die Wettkampfstärke soll durch einen optimalen Turniereinsatz ausgebaut werden. In der Vorstufe arbeiten DTB und Verband eng zusammen, wobei die Hauptverantwortung noch beim Verband liegt. Die Fördermaßnahmen des DTB sind als ergänzende Maßnahmen zu verstehen.
Bei den Jungen soll die Vorstufe im Alter von 13 bis 14 Jahren einsetzen und bis zum Erreichen des 15. bzw. 16. Lebensjahres andauern. Bei den Mädchen soll dem Reifungsprozess entsprechend ein Jahr früher begonnen werden. Die Vorstufe soll spätestens mit dem Erreichen des 16. Lebensjahres abgeschlossen sein. Die Förderung sollte in diesem Zeitraum zunehmend auch individuell sein, d. h., daß die Jugendlichen von den Trainern in den Vereinen und Verbänden persönlich betreut werden. Zeigen eine oder mehrere Jugendliche das Potential, für eine Profilaufbahn, wird vom DTB (zumeist nach Beendigung der Schulzeit – Mittlere Reife) die Lösung von Verband und Verein vorgeschlagen. Hiermit beginnt die zweite Stufe des Förderkonzeptes des DTB.

Die Hauptstufe: In der Hauptstufe befinden sich die C-Kader-Spielerinnen und -Spieler des DTB. Die Zielsetzung ist das Erreichen der internationalen Spitze im Jugendbereich (Jugendweltrangliste) und der Anschluß an das Erwachsenentennis im internationalen Bereich. Die Zuständigkeiten fallen nun, nach der Loslösung vom Verein und Verband, ganz in den Bereich des DTB. Die Hauptstufe soll im Alter von 16–17 Jahren einsetzen und bei Jungen und Mädchen gleichermaßen bis zum 19. Lebensjahr andauern. Die individuelle Förderung, wie sie bereits von GABLER (1984, 32) vorgeschlagen wird, soll vor allem auch den taktischen und psychischen Bereich verstärkt einbeziehen. Neu hinzu kommt, wie von den Schweden bereits erfolgreich praktiziert, die Förderung in Gruppen. Gruppen von Spielerinnen bzw. Spielern werden so zusammengestellt, daß sie als Team Circuits im internationalen Jugend- und Erwachsenenbereich spielen. Das Trainieren in Gruppen und der Teamgeist bei Reisen im Ausland sollen das behutsame, aber doch auch zielstrebige Hinführen an die Weltklasse ermöglichen. Betreut werden die Spieler dabei von Bundestrainern und Honorartrainern.

Die Übergangsstufe: Die Übergangsstufe ist die dritte Stufe auf der Ebene des DTB. Sie beginnt ca. ab dem 17.–19. Lebensjahr und geht fließend in die vierte Stufe, den A/B-Kader, über. Ziel ist hierbei das Anstreben des individuellen höchstmöglichen Leistungsniveaus. Verantwortlich sind in erster Linie die Teamchefs (männlich/weiblich) des DTB.

Abb. 2: Graphische Darstellung der Leistungssportförderung im DTB nach GABLER (Manuskript 1988).

Zielsetzungen	Zuständigkeiten	Jungen		Mädchen
Vorstufe technische und konditionelle Vervollkommnung und Spezialisierung; Ausbau der Wettkampfstärke und optimaler Turniereinsatz	Verbandsjugendwart, Verbandstrainer + Bundestrainer, Bundesjugendwart / stellvertr. Sportdirektor	13/14 J. individuelle Förderung ▶	▶	12/13 J.
		16/17 J. Mittlere Reife, Lösung von Verband und Verein		15/16 J.
Hauptstufe Erreichen der internationalen Spitze im Jugendbereich und Anschluß an das Erwachsenentennis im internationalen Bereich (Nr. 70 bzw. 200)	Bundestrainer, Bundesjugendwart / stellvertr. Sportdirektor	Gruppe ▶ ▶ Gruppe ▼ ▶	▲ ▼	indiv. Förderung ▶ indiv. Förderung ▶
Übergangsstufe Anstreben des individuell höchstmöglichen Leistungsniveaus	Teamchef / Sportdirektor	17–19 J. individuelle Förderung ▶	▶	17–19 J.
A/B-Kader	Teamchef / Sportdirektor			

2.2 Aktion »Balltalente entdecken Tennis« des Württembergischen Tennis Bundes (WTB) – eine Längsschnittstudie

von HARTMUT GABLER / JOACHIM HINDERER

Zielsetzungen und Eingangsbedingungen der Aktion »Balltalente entdecken Tennis«

Obwohl sich vor allem in den 70er Jahren der Tennissport in Deutschland breiten Schichten geöffnet hat und inzwischen zu einem Breitensport geworden ist, ist die Suche nach Tennistalenten und ihre Förderung in dieser Zeit weitestgehend unsystematisch erfolgt. Besonders deutlich ist, daß die Maßnahmen der Talentsichtung im wesentlichen auf Kinder und Jugendliche in Tennisvereinen beschränkt waren. Viele der ohne Zweifel zahlreich vorhandenen »Balltalente« kamen im frühen jugendlichen Alter mit der Sportart Tennis kaum in Berührung. Dies lag vorwiegend an äußeren Bedingungen (Elternhaus, örtliche Gegebenheiten, Freundeskreis, usw.), weniger dagegen am Desinteresse für das Tennisspiel.

Eine Kommission (Baur, Ferrari – Vorsitz –, Dill, Gabler, Keretic und Metzger) erstellte 1981 auf der Basis dieser Grundüberlegung das Konzept »Balltalente entdecken Tennis«. Die Aktion wurde auf einzelne ausgewählte Orte bzw. Städte des Verbandsgebietes und der Bezirke beschränkt. Mit diesem Konzept war der WTB bestrebt, ganz gezielt allgemein-sportmotorisch talentierte Kinder im Alter von sieben bis zehn Jahren (mit Schwerpunkt acht / neun), die nicht in einem Tennisverein Mitglied waren, mit Hilfe von bestimmten Tests, die die Merkmale Ballgefühl, Schnelligkeit, Beweglichkeit / Gewandtheit, Koordinationsfähigkeit, Ausdauer sowie Leistungsmotivation überprüfen, auszuwählen und dann zwei Jahre lang gezielt zu fördern. Die wesentlichen Merkmale dieser Förderung lassen sich wie folgt zusammenfassen:

– Die Kinder waren von Anfang an in den ausgewählten Vereinen (bei Beitragsfreiheit) integriert.

- Tennis stand im Mittelpunkt der Förderung, daneben erfolgte jedoch eine allgemeine sportliche Grundausbildung und eine Ausbildung in mindestens einem Mannschaftsspiel. Dieser Ansatz entspricht neuen Erkenntnissen der Trainingswissenschaft, wonach ein breites Grundlagentraining einer schädlichen allzu frühen Spezialisierung entgegenwirkt.
- Alle Gruppen arbeiten nach einem vom Verbandstrainer erstellten Rahmentrainingsplan. Der Trainingsumfang betrug im Winter 2 x 80 Minuten und im Sommer 3 x 80 Minuten sowie jeweils noch eine allgemein-sportliche Ausbildung.

Diese Aktion verstand sich als »Zweiter Weg«, d. h. als Ergänzung zur traditionellen Talentsichtung und -förderung im WTB, auf der Basis einer engen Kooperation zwischen Schule und Verein.

Die Durchführung der Aktion wurde von der nach einiger Zeit personell veränderten Kommission (Ferrari – Vorsitzender –, Born, Dill, Gabler und Metzger) betreut. Die wissenschaftliche Begleituntersuchung wurde vom Institut für Sportwissenschaft der Universität Tübingen übernommen (Gabler/Hinderer).

Beschreibung der einzelnen Aktionen und Modellplätze

I. Aktion 1982–84: Die erste Aktion begann 1982, an ihr nahmen 74 Jungen teil. Die Modellplätze waren Biberach, Calw, Ebingen, Rottweil, Schorndorf, Stetten auf den Fildern und Vaihingen/Rohr. Trotz einiger Startschwierigkeiten (bez. der Durchführung des Eingangstests, der Erstellung des Trainingsprogramms, der Anleitung der Trainer und der unerwarteten Feststellung, daß einige Kinder aufgenommen worden waren, die bereits zuvor Tennis gespielt hatten) konnte nach Beendigung dieser ersten Aktion im Jahre 1984 von einem gelungenen Start des Modells gesprochen werden. Dies gilt nicht zuletzt deshalb, weil von den 74 Jungen ein Junge den Sprung in den D-Kader (Landeskader) schaffte und sechs Jungen in den E-Kader (Bezirkskader) aufgenommen wurden. 17 Jungen schieden während der Aktion aus. Außerdem zeigte sich aufgrund des großen Andrangs bei den Testveranstaltungen bereits jetzt, daß die Werbung über die Grundschulen und die Zusammenarbeit mit den Sportlehrkräften als fruchbarer Ansatz gelten kann.

II. Aktion 1983–85: Die zweite Aktion begann 1983. An ihr waren 44 Jungen und erstmals 40 Mädchen beteiligt. Die Modellplätze waren wiederum Biberach, Calw und Vaihingen/Rohr sowie die neu hinzugekommenen Orte Heidenheim, Ulm und Wasseralfingen. Bei der Durchführung der zweiten Aktion gab es zwei wesentliche Neuerungen:

- An der Aktion nahmen von nun an auch Mädchen teil.
- Nach einem Jahr der Förderung erfolgte eine Differenzierung der Gruppen nach leistungsstärkeren und leistungsschwächeren Kindern.

Obgleich die Voraussetzungen bei der zweiten Aktion ebenfalls noch nicht optimal waren, konnten die Leistungen der geförderten Balltalente als gut bezeichnet werden. Neun Kinder (5 Jungen/4 Mädchen) nahmen am Bezirkstraining teil. Davon sind drei Jungen und ein Mädchen erst im Winter 1986/87 nachgerückt. Ein Mädchen befindet sich zur Zeit im D-Kader des WTB. Zwei Kinder dieser Aktion wurden im Sommer 1985 Bezirksmeister der Altersklasse V.

15 Jungen und 15 Mädchen schieden während der Aktion aus. Diese relativ hohe Zahl hängt u. a. damit zusammen, daß der Trainer des TC Wasseralfingen nach dem ersten Jahr auf eigene Initiative seine Gruppe stark verkleinerte.

III. Aktion 1984–86: Die dritte Aktion wurde im Jahr 1984 gestartet. An ihr waren 62 Kinder (43 Jungen und 19 Mädchen) beteiligt. Die Orte waren wiederum Biberach und Calw, als neue Modellplätze kamen Bernhausen, Ravensburg und Saulgau hinzu. Bemerkenswerte Neuerungen gegenüber den ersten beiden Aktionen waren:

- Es wurde eine zweite Eingangstestüberprüfung eingeführt. Zu diesem Test wurden die 20 punktbesten Kinder der ersten Testveranstaltungen eingeladen. Er sollte vor allem dazu dienen, Kinder, die bereits vorher Tennis gespielt hatten und im engeren Sinne gar nicht an der ersten Testveranstaltung hätten teilnehmen dürfen, entsprechend der Zielsetzung der WTB-Aktion auszuschließen, um die endgültige Auswahl der Kinder möglichst angemessen vornehmen zu können.

- Mit dem neu erstellten Rahmentrainingsplan von Verbandstrainer Born konnte eine stärkere Straffung und Transparenz des Trainings erreicht werden.

Nach Abschluß der Aktion im Sommer 1986 befanden sich drei Kinder im E-Kader. Der beste Junge der Aktion verzog mit seinen Eltern nach Dänemark. Ein ebenfalls sehr talentiertes Mädchen verzog in einen anderen Landesverband. Während der Aktion schieden nur acht Jungen aus.

IV. Aktion 1985−87: Die vierte Aktion wurde 1985 gestartet. An ihr nahmen 81 Kinder (57 Jungen und 24 Mädchen) teil. Als Modellplatz fungierte erneut Ulm; Altdorf, Ehingen, Leinfelden, Öhringen, Ruit und Schwenningen kamen neu hinzu. Zu erwähnen ist hier noch, daß sich bei einer zentralen Sichtung am Bezirksstützpunkt Neckartenzlingen im August 1986 25 Kinder der Balltalente-Aktion für den Zentrallehrgang qualifizierten. Zwölf dieser Kinder kamen dabei von den Modellplätzen Ruit und Leinfelden. Bereits ein Mädchen befand sich seit 1986 im E-Kader. Leider haben keine weiteren Balltalente dieser Aktion den Sprung in den E-Kader geschafft. Vier Kinder (1 Junge / 3 Mädchen) dieser Aktion schieden vorzeitig aus.

V. Aktion 1986−88: Die fünfte Aktion begann 1986. Die Modellplätze waren erneut Ravensburg und Schorndorf; hinzu kamen Lauchheim und Leonberg. Zu Beginn der Aktion waren es 57 Kinder (41 Jungen / 16 Mädchen). Davon schieden sechs Kinder (3 Jungen / 3 Mädchen) vorzeitig aus. Sehr erfreulich war, daß sieben Kinder (5 Jungen / 2 Mädchen) am Bezirkstraining teilnahmen bzw. noch daran teilnehmen. Ein Junge ist zur Zeit (1990) im B-Kader des WTB.

Zusammenfassung

Insgesamt haben 359 Balltalente die jeweiligen Aktionen des Modells »Kinder spielt doch Tennis« durchlaufen:

Aktion	Jungen	Mädchen	Gesamt	Vorzeitig aufgehört Jungen / Mädchen
I. Aktion 82−84	74	−	74	17 / −
II. Aktion 83−85	44	40	84	15 / 15
III. Aktion 84−86	43	19	62	8 / −
IV. Aktion 85−87	57	24	81	1 / 3
V. Aktion 86−88	41	16	57	3 / 3
Gesamt	260	99	359	44 / 21

Im folgenden sind die Balltalente aufgeführt, die den Sprung in den WTB-Kader (Bezirks- bzw. Verbandstraining) geschafft haben:

Verband:
Dullenkopf, Daniel	Jahrg. 1976	Aktion 82−84	Biberach
Stahl, Simone	Jahrg. 1976	Aktion 83−85	Vaihingen Rohr
Weimer, Jochen	Jahrg, 1978	Aktion 86−88	Lauchheim

Bezirk:
Braunger, Frank	Jahrg. 1973	Aktion 82−84	Biberach
Looschen, Reent	Jahrg. 1975	Aktion 82−84	Biberach
Schilling, Bernd	Jahrg. 1974	Aktion 82−84	Biberach
Gerstner, Frank	Jahrg. 1973	Aktion 82−84	Schorndorf
Parc, Sascha	Jahrg. 1975	Aktion 82−84	Vaihingen / Rohr
Külz, Hannes	Jahrg. 1975	Aktion 83−85	Calw
Rehor, Michael	Jahrg. 1976	Aktion 83−85	Wasseralfingen
Ruß, Kai	Jahrg. 1974	Aktion 83−85	Wasseralfingen
Behrendt, Mark	Jahrg. 1974	Aktion 83−85	Heidenheim
Färber, Lars	Jahrg. 1976	Aktion 83−85	Heidenheim
Braunger, Claudia	Jahrg. 1975	Aktion 83−85	Biberach
Leifels, Kirstin	Jahrg. 1974	Aktion 83−85	Ulm
Fischbach, Constanze	Jahrg. 1976	Aktion 83−85	Heidenheim
Schmid, Tina	Jahrg. 1975	Aktion 83−85	Vaihingen / Rohr

Verband:
Adam, Silke	Jahrg. 1976	Aktion 83−85	Vaihingen / Rohr
Krojar, Stefan	Jahrg. 1977	Aktion 84−86	Ravensburg
Mayer, Thorsten	Jahrg. 1977	Aktion 84−86	Saulgau
Zinsler, Daniela	Jahrg. 1975	Aktion 84−86	Bernhausen
Wörz, Stefanie	Jahrg. 1976	Aktion 85−87	Altdorf
Tihelka, Björn	Jahrg. 1978	Aktion 86−88	Leonberg
Blümel, Markus	Jahrg. 1978	Aktion 86−88	Leonberg
Bertsche, Andreas	Jahrg. 1977	Aktion 86−88	Ravensburg

Verband:

Kuckuck, Urs	Jahrg. 1978	Aktion 86−88	Ravensburg
Hahn, Tobias	Jahrg. 1977	Aktion 86−88	Lauchheim
Essers, Stefanie	Jahrg. 1979	Aktion 86−88	Leonberg
Weinharter, Ulrike	Jahrg. 1976	Aktion 86−88	Lauchheim

Es nahmen bzw. nehmen demnach 29 Kinder (19 Jungen und 10 Mädchen) der Aktion »Balltalente entdecken Tennis« am Verbands- bzw. Bezirkstraining des WTB teil.

Die folgenden Untersuchungsergebnisse sind auch unter dem Gesichtspunkt zu bewerten, daß sich die Bedingungen der einzelnen Aktionen (besonders die Eingangstestdurchführung, Auswahl der Modellplätze, Verfeinerung des Rahmenplans, Kontrolle der Trainingsmaßnahmen) von Jahr zu Jahr aufgrund der gemachten Erfahrungen verbesserten, so daß bei einer Fortführung der WTB-Aktion immer bessere Ergebnisse zu erwarten gewesen wären.

Untersuchungsaufbau

Bei der vorliegenden Untersuchung handelt es sich um eine Längsschnittuntersuchung und Feldanalyse; sie umfaßt den Zeitraum von neun Jahren (1982−1990).

Zentrale Fragestellung der Untersuchung: Die übergeordnete Fragestellung der Kommission »Balltalente entdecken Tennis« lautete: Ist es möglich, aufgrund sportmotorischer Tests tennisunerfahrene, aber balltalentierte Kinder auszuwählen, die nach einer zweijährigen intensiven Förderung mit relativ hoher Wahrscheinlichkeit den Sprung in die traditionelle WTB-Förderung schaffen?

Datenerhebung: Folgende Daten wurden erhoben:

− Daten der sportmotorischen Tests (standardisierte Punktetabelle)
− Daten der standardisierten Kinderfragebögen
− Daten der standardisierten Leistungsbeurteilungen der Trainer
− Daten der standardisierten Fragebögen »Wo sind sie geblieben«.

Insgesamt wurden Daten von 359 Kindern erhoben.

Datenauswertung: Die gesamte Datenauswertung wurde über elektronische Datenverarbeitung (Rechenzentrum der Universität Tübingen) durchgeführt.

Schwierigkeiten bei der Untersuchung und der Datenauswertung: Zu Beginn jeder Aktion fanden an den jeweiligen Modellplätzen Testveranstaltungen statt. Mit Hilfe von sportmotorischen Tests wurden Jungen und Mädchen mit den höchsten Gesamtpunktzahlen ausgewählt. Derartige Tests sind aber nur dann genaue und aussagekräftige Meßinstrumente, wenn eine Reihe von Bedingungen eingehalten werden. Diese betreffen bei dieser Untersuchung die Durchführungsbedingungen (vor allem das Gütekriterium Objektivität). Insbesondere bei den Testveranstaltungen der ersten beiden Aktionen gab es jedoch nachweislich in dieser Hinsicht einige Ungenauigkeiten. Eine weitere Schwierigkeit der Datenauswertung bestand darin, daß die Altersunterschiede der Kinder in den einzelnen Aktionen relativ groß waren; d. h., jede Aktion umfaßte vier Jahrgänge, was die Interpretation der Testergebnisse erschwerte.

Ausgewählte Befunde im Überblick

Zunächst ist zu bemerken, daß bei der Datenauswertung und deren Interpretation die von Verbandstrainer Born nach Beendigung der jeweiligen Förderung von zwei Jahren vorgenommene Differenzierung der Balltalente in verschiedene Leistungsgruppen (G1–G3) Berücksichtigung fand:

G1: Die Kinder dieser Gruppe bringen (nahezu) alle Voraussetzungen für ein Bezirkstraining mit.

G2: Die Kinder dieser Gruppe verfügen zwar nicht über die Spielstärke, die eine Teilnahme am Bezirkstraining rechtfertigen würde; gleichwohl können die Balltalente dieser Gruppe bei zukünftiger Leistungssteigerung durchaus noch in den Kreis der Teilnehmer am Bezirkstraining nachrücken. Zwei Balltalente aus der 1. Aktion 1982–84 (Rent Looschen und Bernd Schilling) sind Beispiele dafür.

G3: Die Kinder dieser Gruppe sind vor allem für die Vereinsmannschaften interessant. Hinzu kommt noch die Gruppe der Balltalente, die vor dem Ende der jeweiligen Aktion ausgeschieden sind (G4).

1. Erkenntnisse über den Eingangstest

Es liegen von 330 Kindern (235 Jungen und 95 Mädchen) Testergebnisse vor. Bei der Auswertung der »Kinderfragebögen« (vgl. Punkt 5) wurde deutlich, daß etwa 10 % der Kinder (vor allem der ersten Aktionen) entgegen den ursprünglichen Teilnahmebedingungen des Tests bereits vorher Tenniserfahrungen gesammelt hatten. Folglich ist bei der Interpretation der Testergebnisse neben der Differenzierung nach der jeweiligen Leistungsentwicklung auch die Unterscheidung nach Kindern mit Tenniserfahrung bzw. ohne Tenniserfahrung von großer Bedeutung. Die Auswertung des Eingangstests gliedert sich in zwei Punkte:

– Interpretation der Testergebnisse nach einzelnen Leistungsstufen (G1–G3).
– Interpretation der Testergebnisse nach einzelnen Leistungsstufen *und* dem Kriterium »Tenniserfahrung«.

Die zentrale Frage lautet: Besteht ein Zusammenhang zwischen den Ergebnissen des Eingangstests und der späteren tennisspezifischen Leistungsentwicklung der Balltalente (bez. der Leistungsgruppen G1–G3)?

2. Interpretation der Testergebnisse nach einzelnen Leistungsstufen

Test 1: Fächerlauf. (Beim Fächerlauf durchläuft das Kind verschiedene kurze Strecken von 4 Metern von der Grundlinie aus in verschiedene Richtungen.) Die erreichte durchschnittliche Punktzahl bei den Jungen und Mädchen beträgt etwas über 50 Punkte (Jungen: 52,44 / Mädchen: 52,62). Zwischen den Jungen und Mädchen besteht demnach kaum ein Unterschied. Bei den Mädchen sind überraschenderweise die durchschnittlichen Punktzahlen der im Tennis später leistungsschwächeren Mädchen (G3) höher (53,34) als die Punktwerte der Mädchen, die der leistungsstärksten Gruppe (G1: 51,41) angehören. Signifikante Korrelationen zwischen den Testergebnissen und der späteren Leistungsentwicklung im Tennis ergeben sich bei folgenden Punkten:

Gesamt (nur Jungen)	I. Aktion 82–84	$r = -0.281$
Jungen	Alle Aktionen	$r = -0.155$

Allerdings ist dieser Befund kaum aussagekräftig.

Test 2: Slalom-Gewandtheitstest. (Das Kind läuft mit einem Tennisball, der auf der Schlagfläche des Tennisschlägers liegt, durch einen Slalom.) Die erreichte durchschnittliche Punktzahl beträgt 39,91 Punkte. Zwischen den Jungen und Mädchen besteht ein Unterschied von etwas mehr als 5 Punkten (Jungen: 40,65 / Mädchen: 35,23). Ein Vergleich zwischen der besten Gruppe (G1) und der schwächeren Gruppe (G3) zeigt, daß die später im Tennis leistungsschwächeren Jungen im Durchschnitt knapp 3 Punkte mehr erreichten (G1: 38,06 / G3: 40,70). Bei den Mädchen zeigen sich nur geringfügige Unterschiede (G1: 33,88 / G3: 34,25). Signifikante Korrelationen zwischen den Ergebnissen in Test 2 und der tennisspezifischen Leistungsentwicklung ergeben sich nur einmal:

Jungen V. Aktion 86−88 r = −0.395

Dieser Befund ist jedoch ebenfalls nicht aussagekräftig.

Test 3: Schlagballweitwurf. Die erreichte Durchschnittspunktzahl beim Test 3 beträgt 39,07 Punkte. Zwischen den Leistungen der Jungen und denen der Mädchen bestehen erwartungsgemäß große Unterschiede (Jungen: 43,47 / Mädchen: 28,17).
Ein Vergleich zwischen den Balltalenten aus G1 und den leistungsschwächeren Balltalenten (G3) ergibt folgendes:

− Bei den Jungen sind die Unterschiede zwischen der Gruppe G1 und der Gruppe G3 nur minimal (G1: 42,16 / G3: 42,09). Bemerkenswert ist jedoch, daß bei den Jungen der Punktwert der Gruppe G2 (46,33) stark vom Trend abweicht.
− Die leistungsstärksten Mädchen erzielten dagegen durchschnittlich knapp 2 Punkte mehr als die leistungsschwächere Gruppe (G1: 29,00 / G3: 27,40).
− Signifikante Korrelationen zwischen den Ergebnissen im Test 3 und der späteren Leistungsentwicklung der Balltalente im Tennis konnten nicht gefunden werden.

Test 4: 30-m-Lauf. Die erreichte durchschnittliche Punktzahl beträgt 47,76 Punkte. Es bestehen zwischen Jungen und Mädchen keine großen Unterschiede (Jungen: 48,42 / Mädchen: 46,14).
Ein Vergleich zwischen der besten Gruppe (G1) und der leistungsschwächsten Gruppe (G3) ergibt eine

- Differenz von knapp 3 Punkten bei den Jungen (G1: 48,64 / G3: 45,94) und eine
- Differenz von knapp 7 Punkten bei den Mädchen (G1: 47,52 / G3: 41,78).

Signifikante Korrelationen zwischen den Ergebnissen im Test 4 und der späteren Leistungsentwicklung im Tennis ergeben sich wie folgt:

Gesamt	Alle Aktionen	r = −0.143
Gesamt	III. Aktion 84−86	r = −0.302
Jungen	III. Aktion 84−86	r = −0.375
Mädchen	Alle Aktionen	r = −0.285
Mädchen	IV. Aktion 85−87	r = −0.552

Dies bedeutet, daß der mit dem 30-m-Lauf erfaßte leistungsbestimmende Faktor (Sprintschnelligkeit) auf jeden Fall als bedeutsames Talentkriterium angesehen werden kann.

Test 5: Ballgeschicklichkeits-Test. (Das Kind läuft zunächst durch einen Slalom, wobei es den Ball mit einer Hand prellt; dann wirft es mehrere Male gegen die Wand und fängt den Ball jeweils wieder auf; anschließend erfolgt das gleiche mit dem Ball am Fuß.)
Die erreichte Durchschnittspunktzahl beträgt 47,29 Punkte. Zwischen den männlichen und den weiblichen Balltalenten bestehen große Unterschiede (Jungen: 49,72 / Mädchen: 41,27). Der Vergleich zwischen den G1-Balltalenten und der Gruppe mit der späteren schwächeren Leistungsentwicklung im Tennis (G3) ergibt eine

- Differenz von etwas weniger als 6 Punkten bei den Jungen (G1: 51,84 / G3: 45,93) und eine
- Differenz von etwas mehr als einem Punkt (G1: 40,64 / G3: 41,68) bei den Mädchen. Überraschenderweise erzielten die leistungsschwächeren Mädchen in diesem Test durchschnittlich mehr Punkte.

Signifikante Korrelationen zwischen den Ergebnissen im Test 5 und der späteren Leistungsentwicklung im Tennis lassen sich wie folgt darstellen:

Gesamt	Alle Aktionen	r = −0.217
Gesamt	IV. Aktion 85−87	r = −0.302
Gesamt	V. Aktion 86−88	r = −0.402

Jungen	Alle Aktionen	$r = -0.259$
Jungen	II. Aktion 83–85	$r = -0.406$
Jungen	IV. Aktion 85–87	$r = -0.286$
Jungen	V. Aktion 86–88	$r = -0.628$

Dies bedeutet, daß auch der mit diesem Test erfaßte leistungsbestimmende Faktor (Ballgeschicklichkeit) als bedeutsames Talentkriterium zu bewerten ist.

3. Gesamtpunktzahl der Einzeltests

Die erreichte Durchschnittsgesamtpunktzahl beträgt 225,71 Punkte. Zwischen den männlichen und den weiblichen Balltalenten bestehen große Unterschiede (Jungen: 234,29 / Mädchen: 203,66). Ein Vergleich der Balltalente, die der Gruppe G1 angehören, mit der Gruppe der später im Tennis Leistungsschwächeren (G3) zeigt, daß die leistungsstärksten Jungen knapp 13 Punkte mehr aufweisen. (G1: 233,98 / G3: 225,13). Bei den Mädchen zeigt dieser Vergleich eine ähnliche Tendenz (G1: 202,47 / G3: 198,46).

Signifikante Korrelationen zwischen der im Eingangstest erzielten Gesamtpunktzahl und der späteren Leistungsentwicklung im Tennis ergeben sich folgendermaßen:

Gesamt	Alle Aktionen	$r = -0.125$
Gesamt (Jungen)	I. Aktion 82–84	$r = -0.274$
Gesamt	IV. Aktion 85–87	$r = -0.226$
Mädchen	IV. Aktion 85–87	$r = -0.470$

Dies bedeutet, daß die Testreihe der Eingangsprüfungen in ihrer Gesamtheit nur bedingt zur Talentsichtung herangezogen werden kann, obgleich signifikante Korrelationen vorhanden sind. Jedoch legen die Einzelbefunde nahe, daß der 30-m-Lauf und der Ballgeschicklichkeitstest sehr wohl als Eingangstest für die Talentsichtung geeignet sind.

4. Interpretation der Testergebnisse nach einzelnen Leistungsstufen und dem Kriterium »Tenniserfahrung«

Die Auswertung der »Kinderfragebögen« ergab, daß 20 Balltalente (8%) entgegen den ursprünglichen Teilnahmebedingungen bereits vorher Tenniserfahrung gesammelt hatten.

G1	G2	G3	G4	Gesamt
59/14	63/6	76/0	63/0	261/20
(24%)	(10%)	(0%)	(0%)	(8%)

Es ist ersichtlich, daß die Balltalente mit Tenniserfahrung bei der leistungsstärksten Gruppe (G1) den prozentual größten Anteil ausmachen (14 von 59 Kindern = 24%). Dagegen tauchen in der leistungsschwächsten Gruppe (G3) und in der Gruppe der vorzeitig Ausgeschiedenen (G4) keine Kinder mit Tenniserfahrung auf. Demnach ist eine vorherige Tenniserfahrung einer besseren und schnelleren Leistungsentwicklung dienlich. Andererseits könnte aber auch vermerkt werden, daß die Kinder der Gruppen 2 und 3 von Anfang an benachteiligt waren. Gerade dieser Befund ist im Hinblick auf die zentrale Fragestellung der WTB-Aktion von erheblicher Bedeutung.

Es ist nun zu prüfen, ob die zuvor erfolgte Interpretation der Testwerte korrekturbedürftig ist, wenn man die Ergebnisse der Balltalente ohne vorherige Tenniserfahrung herausfiltert. Diese Prüfung ergab folgende Erkenntnisse:

- Bei den jeweiligen (signifikanten) Korrelationen ergaben sich keine Veränderungen.
- Bei den Leistungsgruppen G1 und G2 (nur in diesen Guppen waren Kinder *mit* Tenniserfahrung zu finden) gab es bezogen auf die Testergebnisse oftmals größere Differenzen. Die Punktzahlen der Balltalente ohne Tenniserfahrung lagen meistens unter denen der Kinder mit Tenniserfahrung. Insbesondere bei den Jungen betrugen die Unterschiede häufig bis zu 10 Punkte. Diese Tatsache ist nicht zuletzt darauf zurückzuführen, daß die meisten Kinder mit Tenniserfahrung in den ersten beiden Aktionen aufgenommen wurden; gerade dort aber waren die Punktzahlen durchschnittlich höher als in den folgenden drei Aktionen.

Diese Ergebnisse rechtfertigen die Feststellung, daß die bislang dargestellten Untersuchungsergebnisse der Eingangstests ihre Gültigkeit behalten.

5. *Auswertung der Kinderfragebögen (Befragung jeweils am Anfang der Aktion)*

Sportnote: Grundsätzlich kann gesagt werden, daß die balltalentierten Kinder im Hinblick auf die Sportnote weit über dem Durchschnitt liegen (Jungen: 1,33/Mädchen: 1,29). Vergleicht man die Sportnoten der leistungsstärksten Balltalente mit denen der leistungsschwächeren Kindern (G3), so ergibt sich eine deutliche Differenz (G1: 1,24/G3: 1,50).

Mitglied in einem Sportverein: 80% (79,57) aller Balltalente waren vor Beginn der Balltalente-Aktion Mitglied eines Sportvereins. Bei den Mädchen ist die Mitgliedschaft etwas weniger ausgeprägt (Mädchen: 71%/Jungen: 83%).

Sportarten der Kinder: Das Fußballspiel steht an der Spitze innerhalb der von den Jungen betriebenen Sportarten (51%). Bei den Mädchen nimmt die Sportart Turnen den ersten Rang ein (46%).
Knapp 10% (9,3) aller Balltalente haben Vorerfahrungen mit der Sportart Tennis aufzuweisen, wobei die Mädchen (17%) die Jungen (8%) deutlich übertreffen.
Unterschiede zeigen sich auch im Vergleich der einzelnen Leistungsgruppen:
− Bei den leistungsstärksten Jungen (G1) haben 20% und bei den Mädchen 35% Vorerfahrungen mit der Sportart Tennis.
− Demgegenüber stehen keine Kinder mit Vorerfahrungen auf Seiten der leistungsschwächeren Kinder (G3).
20% der Balltalente betreiben mehr als eine Sportart (wie bereits oben erwähnt vor allem Fußball und Turnen sowie Skilauf, Leichtathletik, Schwimmen und Handball). Die Jungen betreiben die ausgeübten Sportarten zu 60% wettkampfmäßig, die Mädchen dagegen nur zu 51%.

Sporttreiben der Eltern/Geschwister: 80% der Väter üben mindestens eine Sportart aus, wobei davon 47% Tennis entweder als einzige oder als eine unter mehreren Sportarten betreiben.

Die Väter der Balltalente G1 sind sportlich sehr aktiv. 90 % betreiben mindestens eine Sportart. Die Väter der leistungsschwächeren Gruppe G3 sind weit weniger aktiv (74 %). Noch größer ist die Differenz beim Vergleich der tennisspielenden Väter (G1: 62 % / G3: 33 %).
Die Mütter der Balltalente sind ebenfalls sehr engagiert. 67 % üben mindestens eine Sportart aus. Auch hier zeigen sich Unterschiede zwischen der leistungsstärksten Gruppe und den leistungsschwächeren Kindern, vor allem in bezug auf das Tennisspielen (G1: 59 % / G3: 29 %).
Die Geschwister der Gruppe G1 sind wesentlich häufiger aktive Tennisspieler (53 %) als die Geschwister der schlechtesten Leistungsgruppe (27 %).

Wie kommen die Kinder zu den Trainingsstunden? Engagement der Eltern: Der überwiegende Teil der Kinder (74 %) wird von den Eltern zu den Trainingsstunden gebracht. Bei den Mädchen ist das Engagement der Eltern etwas höher als bei den Jungen (Mädchen: 87 % / Jungen: 69 %).

Zusätzliche Tennisstunden: Die meisten Balltalente trainieren neben dem vorgeschriebenen Programm noch zusätzlich (86 %). Die durchschnittlichen Stundenzahlen der Jungen und Mädchen, die der leistungsstärksten Gruppe angehören, belegen, daß gerade diese Kinder einen weitaus größeren Trainingseifer entwickeln als die Kinder der leistungsschwächeren Gruppe (G1: 2,44 Std. / G3: 1,68 Std.).

Schwierigkeiten in der Schule: Dreiviertel der Kinder (76 %) geben an, keine Schwierigkeiten in der Schule zu haben; dabei haben die leistungsstärksten Kinder wesentlich weniger Probleme als die Balltalente der schwächeren Leistungsgruppe (G1: 17 % / G3: 28 %). Dort, wo Schwierigkeiten gegeben sind, werden vor allem folgende Begründungen angegeben:
– zu häufiges Tennisspiel,
– Konzentrationsschwächen,
– Schwierigkeiten mit einzelnen Lehrern.

Gewünschte Schulart nach Beendigung der Grundschulzeit: Es läßt sich eindeutiger Trend erkennen, wonach die leistungsstärkeren Kinder einen höheren Schulabschluß anstreben. 77 % der Balltalente, die der

Gruppe G1 angehören, haben den Wunsch, ein Gymnasium zu besuchen. Bei den leistungsschwächeren Kindern ist dieser Wunsch nicht so ausgeprägt (G3: 65 %).

6. *Auswertung der Fragebögen »Leistungsbeurteilung der Trainer«*
(Befragung jeweils am Ende der Aktion)

Insgesamt gingen 291 Fragebögen (216 Jungen und 75 Mädchen) in die Auswertung ein. Die Merkmale Lernfähigkeit, Leistungsbereitschaft, Trainingshäufigkeit, psychische Stabilität, Ballgefühl, Schnelligkeit, Beweglichkeit/Gewandtheit, Konzentrationsfähigkeit und Spielvermögen wurden von den Trainern anhand einer Notenskala von 1–7 (1 = sehr gut, 2 = recht gut, 3 = gut, 4 = ziemlich gut, 5 = befriedigend, 6 = noch zufriedenstellend, 7 = nicht zufriedenstellend) bewertet.

Lernfähigkeit:

G1			G2			G3		
J	M	G	J	M	G	J	M	G
2,7	2,5	2,6	3,8	4,3	3,9	4,3	5,3	4,6

Die Lernfähigkeit nimmt von der leistungsstärksten bis zur leistungsschwächeren Gruppe kontinuierlich ab.
Besonders deutlich ist die Abnahme der Lernfähigkeit der Mädchen zwischen den Gruppen G1 und G2.

Leistungsbereitschaft:

G1			G2			G3		
J	M	G	J	M	G	J	M	G
2,1	2,3	2,2	3,3	3,5	3,4	4,1	5,1	4,4

Die Leistungsbereitschaft nimmt bei den Balltalenten von der leistungsstärksten bis zur leistungsschwächeren Gruppe erheblich ab.

Trainingshäufigkeit:

G1			G2			G3		
J	M	G	J	M	G	J	M	G
2,2	2,2	2,2	3,2	3,0	3,1	3,8	4,4	4,0

Nach Auffassung der Trainer haben die leistungsstärksten Kinder eine sehr gute Anzahl von Trainingseinheiten.

Psychische Stabilität:	G1			G2			G3		
	J	M	G	J	M	G	J	M	G
	2,9	2,5	2,8	3,7	3,4	3,6	3,8	4,2	3,9

Die psychische Stabilität nimmt von den leistungsstärksten zur leistungsschwächeren Gruppe deutlich ab. Mit Ausnahme von G3 ist die mentale Ausgeglichenheit bei den Mädchen ausgeprägter als bei den Jungen.

Ballgefühl:	G1			G2			G3		
	J	M	G	J	M	G	J	M	G
	2,3	2,5	2,3	3,5	4,5	3,8	4,2	5,3	4,5

Das Ballgefühl der leistungsstärksten Gruppe wird von den Trainern als recht gut beurteilt. Zwischen der Gruppe G1 und den leistungsschwächeren Gruppen G2 und G3 besteht ein erheblicher Unterschied.

Schnelligkeit:	G1			G2			G3		
	J	M	G	J	M	G	J	M	G
	2,7	2,6	2,7	3,2	4,2	3,5	3,6	4,4	3,8

Hier ist bei den leistungsstärksten Balltalenten nach Meinung der Trainer der Faktor »Schnelligkeit« am ausgeprägtesten. Auch hier ist eine kontinuierliche Abnahme dieses leistungsbestimmenden Faktors zu erkennen.

Beweglichkeit / Gewandtheit:	G1			G2			G3		
	J	M	G	J	M	G	J	M	G
	2,7	2,1	2,6	3,3	3,8	3,5	3,7	4,5	3,9

Zwischen der leistungsstärksten und der leistungsschwächeren Gruppe (G3) ist sowohl bei den Mädchen als auch bei den Jungen eine kontinuierliche Abnahme zu erkennen. Hier ragt vor allem die gute Beweglichkeit der Mädchen aus der Gruppe G1 heraus.

Spielvermögen:	G1			G2			G3		
	J	M	G	J	M	G	J	M	G
	2,6	2,4	2,6	4,0	4,4	4,1	4,4	5,6	4,8

Es zeigt sich hier ein deutlicher Abfall des Spielvermögens von der Gruppe G1 zur Gruppe G3.

Konzentrationsfähigkeit:	G1			G2			G3		
	J	M	G	J	M	G	J	M	G
	2,7	2,0	2,6	4,3	3,8	4,2	4,4	3,7	4,1

Im Blick auf die von den Trainern beurteilte Konzentrationsfähigkeit der Kinder ist besonders die starke Abnahme von G1 zu G2 hervorzuheben. Ferner ist bemerkenswert, daß bei diesem leistungsbestimmenden Faktor die Mädchen in allen Gruppen von den Trainern bessere Noten bekamen.

Insgesamt zeigt sich im Hinblick auf nahezu alle Merkmale eine kontinuierlich schlechtere Beurteilung zwischen G1 und G3. Ein qualitativer Schnitt wird insbesondere zwischen Gruppe 1 und Gruppe 2 deutlich (bei den Mädchen ausgeprägter als bei den Jungen). Dies bedeutet zum einen, daß die Beurteilung durch die Trainer — grob gesehen — dem entspricht, was in der Beurteilung durch den Verbandstrainer, die zur Einteilung der Kinder in die verschiedenen Gruppen führte, zum Ausdruck kommt. Zum anderen kann — basierend auf der Annahme, daß diese Merkmale als wichtige Talentkriterien gelten können — erwartet werden, daß sich in Zukunft vor allem Kinder der Gruppe 1 besser entwickeln werden als Kinder der Gruppen 2 und 3.

Unterstützung der Eltern nach Meinung der Trainer: 70% aller Balltalente erfahren eine optimale Unterstützung durch ihre Eltern. Betrachtet man die einzelnen Leistungsgruppen, so ergeben sich gravierende Unterschiede.
Während bei der leistungsstärksten Gruppe nahezu alle Kinder von ihren Eltern gefördert werden (91%), ist dies bei den leistungsschwächeren Kindern (G3) nur zu 51% der Fall.

7. Auswertung der Fragebögen »Wo sind sie geblieben« (Befragung jeweils nach Ablauf der Aktion)

Insgesamt gingen 274 Fragebögen ein (202 Jungen und 72 Mädchen).

Mitglied in einer Knaben- bzw. Mädchenmannschaft: 45% der Balltalente spielten während und nach der Aktion in einer Knaben- bzw. Mädchenmannschaft. Dabei sind die Jungen weitaus stärker beteiligt als die

Mädchen (Jungen: 52 % / Mädchen: 30 %). Vergleicht man die einzelnen Leistungsgruppen miteinander, dann ergibt sich ein besonders deutlicher Unterschied (G1: 72 % / G2: 49 % / G3: 19 %).

Vereinsmitglied nach Ablauf der Aktion: Dreiviertel der Balltalente (75 %) bleiben nach Ablauf der Aktion »Balltalente entdecken Tennis« Vereinsmitglied.
Zwischen den Jungen und Mädchen gibt es hier kaum Unterschiede (Jungen: 76 % / Mädchen: 74 %). Dagegen gibt es große Differenzen zwischen der leistungsstärksten und der leistungsschwächeren Gruppe (G1: 92 % / G3: 52 %).
Die Gründe, weshalb die einzelnen Balltalente nach Ablauf der Aktion nicht mehr Vereinsmitglied sind, lassen sich wie folgt darstellen:

– Vereinswechsel 48,5 %
– Hat aufgehört 25,0 %
– Gründe unbekannt 26,5 %

Zählt man nun die Balltalente, die nach dem Ende der Aktion einen Vereinswechsel vollzogen haben, zu den 75 % der Kinder, die bei ihrem ursprünglichen Verein geblieben sind, hinzu, so läßt sich sagen, daß weit über 80 % der Balltalente dem Tennissport erhalten geblieben sind.

Finanzierung des Vereinstrainings: Die weitaus meisten Balltalente (84 %) werden sowohl von den Eltern aus als auch vom jeweiligen Verein bei der Finanzierung des Vereinstrainings unterstützt.
Bei 13 % der Kinder müssen ausschließlich die Eltern das Vereinstraining finanzieren. Bei 3 % der Kinder übernahm ausschließlich der Verein die Finanzierung des Vereinstrainings.
Auf welche Art und Weise wurde der Jugendliche (die Jugendliche) nach Ablauf der Aktion Mitglied im Verein?
Die durchschnittliche Aufnahmegebühr beträgt 77 DM. Die Hälfte der Balltalente mußte eine Aufnahmegebühr entrichten. Dabei wurden Gebühren von 30 bis 300 DM verlangt.
Der durchschnittliche Mitgliedsbeitrag liegt bei 83 DM jährlich. Die Beiträge liegen zwischen 40 und 180 DM.

Zusammenfassung und Ausblick

Die zentrale Frage, ob es möglich ist, tennisunerfahrene, aber balltalentierte Kinder aufgrund von sportmotorischen Tests mit dem Ziel auszuwählen, daß eine Reihe von ihnen nach einer zweijährigen systematischen Förderung mit relativ hoher Wahrscheinlichkeit den Sprung in die allgemeine WTB-Förderung schaffen, erfordert (zunächst im Hinblick auf die testtheoretische Fragestellung) eine differenzierte Beantwortung. Die Interpretation der Befunde erfolgt vor allem auch unter Berücksichtigung der in Punkt 3 (Untersuchungsaufbau) dargelegten Schwierigkeiten der Untersuchung und der Datenauswertung.
Signifikante Korrelationen zwischen der Testbatterie (fünf Einzeltests) und der tennisspezifischen Leistungsentwicklung der Balltalente sind bislang kaum sichtbar. Lediglich bei der IV. Aktion (85−87) und der V. Aktion (86−88) ist ein derartiger Zusammenhang ausgeprägt erkennbar. Untersucht man die signifikanten Korrelationen der Einzeltests, so ergeben sich folgende Gesichtspunkte:

− Beim Fächerlauf (Test 1), Slalom-Gewandtheitstest (Test 2) und Schlagballweitwurf (Test 3) ergeben sich kaum bzw. überhaupt keine signifikanten Korrelationen.
− Der 30-m-Lauf (Test 4) und der Ballgeschicklichkeitstest (Test 5) sind im Hinblick auf die Leistungsentwicklung der Kinder von großer Bedeutung. Schnelligkeit und Ballgeschicklichkeit sind demnach wichtige Talentkriterien.

Ferner hat sich gezeigt, daß die jeweiligen Jahrgangsstufen der Balltalente ohne Berücksichtigung ihrer Leistungsentwicklung beim Eingangstest unterschiedliche Durchschnittspunktzahlen aufweisen. Je jünger die Balltalente sind, desto geringer sind die erreichten Punktewerte (vgl. die nebenstehenden Tabellen).
Die Unterschiede zwischen den einzelnen Jahrgangsstufen innerhalb der jeweiligen Aktion betragen durchschnittlich 15 bis 20 Punkte. Nicht zuletzt aufgrund dieser Gegebenheit muß man bei der Interpretation der vorhandenen signifikanten Korrelationen vorsichtig sein.
Gleichwohl bleibt die große Aussagekraft der beiden Tests (30 m-Lauf und Ballgeschicklichkeitstest) von diesen Diskrepanzen unberührt. Prä-

Jungen/Jahrgangsstufen:	I	II	III	IV
Aktion 82	285	253	224	217
	(N=15)	(N=23)	(N=10)	(N=3)
Aktion 83	262	243	217	201
	(N=5)	(N=15)	(N=7)	(N=2)
Aktion 84	268	245	203	189
	(N=5)	(N=14)	(N=9)	(N=4)
Aktion 85	–	225	198	157
		(N=34)	(N=21)	(N=2)
Aktion 86	284	242	207	188
	(N=3)	(N=22)	(N=10)	(N=1)

Mädchen/Jahrgangsstufen:	I	II	III	IV
Aktion 83	234	195	188	176
	(N=5)	(N=10)	(N=5)	(N=3)
Aktion 84	230	207	164	–
	(N=6)	(N=9)	(N=2)	
Aktion 85	–	192	179	–
		(N=19)	(N=5)	
Aktion 86	227	215	179	–
	(N=1)	(N=12)	(N=1)	

diktoren, also Merkmale, die eine genaue Vorhersage der tennisspezifischen Leistungsentwicklung zulassen, sind demzufolge vor allem die Aktions- bzw. Reaktionsschnelligkeit (Test 4) sowie die Gewandtheit und Geschicklichkeit im Umgang mit dem Ball (Test 5).

Die Auswertung der »Kinderfragebögen« in Verbindung mit der am Ende jeder Aktion vom Verbandstrainer Born durchgeführten Leistungsbeurteilung der Kinder ergab, daß nicht nur personinterne, sondern auch personexterne Faktoren für die tennisspezifische Leistungsentwicklung der Balltalente verantwortlich sind. Für eine positive Leistungsentwicklung der Kinder wichtige Faktoren sind vor allem: der Bezug der Eltern und Geschwister zu Sport und Sportverein sowie die Unterstützung der Kinder durch die Eltern (Fahrt zum Training, zusätzliche Trainingsstunden). Außerdem zeigte sich, daß die leistungsstärkeren Kinder bessere Sportnoten aufweisen, weniger Schwierigkeiten in der Schule haben und im allgemeinen einen höheren Schulabschluß anstreben.

Auf der Grundlage der erzielten Untersuchungsergebnisse kann im Blick auf die zentrale Fragestellung eine Gesamtbewertung des WTB-Modells »Balltalente entdecken Tennis« anhand von fünf übergeordneten Punkten erfolgen:

Die Rekrutierung von Tennistalenten: Das Projekt hat gezeigt, daß über die Institution Schule in Zusammenarbeit mit den Sportlehrkräften viele tennisunerfahrene, aber balltalentierte Kinder gewonnen werden können. Eine Umsetzung des Modells in eine langfristige Maßnahme könnte als »Zweiter Weg« verstanden werden, d. h. als Ergänzung zur traditionellen Talentsichtung und -förderung. Was demnach die Talentsuche betrifft, so bietet die Schule ein weitaus größeres Reservoir an potentiellen Talenten als die Vereine. An dieser Stelle sei noch einmal darauf hingewiesen, daß an den Testveranstaltungen insgesamt etwa 2000 Kinder teilnahmen.

Zur Frage einer gezielten Talentsuche mit Hilfe von Auswahltests: Wenngleich die bei der Suche nach balltalentierten Kindern angewandten Testverfahren in dem Sinne noch nicht ausgereift sind, daß alle Tests signifikante Korrelationen in bezug auf die tennisspezifische Leistungsentwicklung erkennen lassen, so stellen sie dennoch eine sinnvolle Ergänzung zur traditionellen Talentsichtung (Beobachtung durch Trainer und Fachleute) dar. Es kann sogar angenommen werden, daß die Aussagekraft einer solchen Eingangsüberprüfung bei Verbesserung einzelner Tests und bei genauerer Kontrolle der Durchführungsbedingungen noch wesentlich verbessert werden kann.

Das Einstiegsalter der Kinder: Aufgrund der Tatsache, daß in der Phase der Vorpubertät (ca. 7. bis 10. Lebensjahr) die motorische Lernfähigkeit besonders günstig ist und ein entwicklungsgemäßer Leistungsaufbau des Talents ca. 10 bis 12 Jahre umfaßt, ist vermutlich dieser Altersabschnitt für den Beginn eines systematischen Trainings am geeignetsten. Allerdings läßt die Erkenntnis, daß der Übergang von der Aktion »Balltalente entdecken Tennis« zur traditionellen WTB-Förderung nach dem 10. Lebensjahr größere Schwierigkeiten mit sich bringt, ein Eintrittsalter von 7 bis 8 Jahren als optimal erscheinen.

Der Sprung in die allgemeine WTB-Förderung: Wenn man davon ausgehen kann, daß etwa 10 % der geförderten Kinder den Sprung in die allgemeine WTB-Förderung geschafft haben, dann ist dieses zentrale Ergebnis – vergleicht man den mit dem Modell verbundenen Aufwand mit dem Aufwand, der in traditioneller Weise von den Vereinen zu erbringen ist – durchaus positiv zu bewerten. Allerdings kann diese Aussage trotz der langen Untersuchungszeit noch nicht stabil sein. Einerseits muß noch abgewartet werden, welche dieser über die Balltalente-Aktion in die allgemeine WTB-Förderung gelangten Kinder die Spitze der WTB-Jugendrangliste erreichen. Andererseits ist die Annahme durchaus berechtigt, daß bei zukünftig verbesserten Bedingungen der Aktion, die aufgrund der gemachten Erfahrungen durchaus möglich wären, auch noch ein höherer Prozentsatz der »Zweite-Weg-Kinder« die allgemeine WTB-Förderung erreichen könnten. Unabhängig von diesem zentralen Ergebnis brachte das Modell jedoch noch weitere positive Nebenprodukte.

Nebenprodukte des Modells:

– Die einzelnen Aktionen führten zu vielfältigen Anregungen in den Vereinen; diese trugen dazu bei, daß deren Jugendarbeit (gegebenenfalls auch die Jugendarbeit anderer Vereine) auf einer zunehmend moderneren Grundlage beruhen wird.
– Die Teilnahme von 359 Kindern im Rahmen von lediglich fünf Aktionen weist darauf hin, wie breit die Grundlage dieses »Zweiten Weges« werden könnte, wenn man das Modell in eine längerfristige Maßnahme überführen würde.
– Das Modell erbrachte neue Trainingskonzepte.
– Es lieferte auch Erkenntnisse darüber, welchen Stand (vor allem in technisch-spielerischer Hinsicht) ausgewählte Kinder im Zeitraum von zwei Jahren mit dem gegebenen Trainingsaufwand in Gruppen erreichen können. Auch dies stellt eine wichtige Hilfe für die Vereine und den Verband bei der Trainingsplanung dar.
– Schließlich konnte der WTB mit diesem Modell in besonderem Maße deutlich machen, daß sich der Tennissport inzwischen für alle sozialen Schichten geöffnet hat.

Es zeigt sich also, daß die Aktionen nicht nur danach beurteilt werden sollten wieviel jugendliche Tennistalente in die WTB-Förderung gelangen. Denn die Auswirkungen der Balltalente-Aktion zeigen sich vor allem auch in der zunehmenden Aktivierung der allgemeinen Jugendarbeit innerhalb der Vereine, die umso größer ist, je mehr Vereine an solchen Fördermaßnahem beteiligt werden.

Abschließend sei noch einmal hervorgehoben, daß der Erfolg eines solchen Projekts vor allem von folgenden Faktoren abhängig ist:

- Aussagekräftige Tests, mit deren Hilfe balltalentierte Kinder ausgewählt werden können.
- Hohe fachliche und pädagogische Qualifikation sowie besonderes Engagement der Trainer.
- Persönliches Engagement bzw. Leistungsmotivation der Balltalente.
- Engagement der Vereine, vor allem bei der Betreuung und Weiterförderung der Balltalente.
- Unterstützung der Kinder auch durch die Eltern; dieser Faktor schränkt etwas die ursprüngliche Annahme ein, daß es auch einen Weg geben könnte, bei dem man auf die elterliche Unterstützung verzichten könnte.

Ein optimales Zusammenwirken dieser Faktoren stellt die Basis für eine bestmögliche Entwicklung der jugendlichen Balltalente dar.

2.3 Talentförderung durch Schule und Verein als Kooperationsmodell

Pilotprojekt Duisburg

von DIETMAR HIERSEMANN

Ziel des Modellversuchs

»Leistungen zu erbringen, zu erfahren und zu erleben ist für die Entwicklung des Kindes und die Entfaltung seiner Persönlichkeit von besonderer Bedeutung« (DSB 1986, 225).

Das Konzept des Duisburger Modells sieht die Förderung von Kindern und Jugendlichen − von der Talentsuche bis zum Erreichen der sportlichen Höchstleistung *an einem Ort*, bei aufeinander abgestimmten Trainingsprogrammen und trainingsbegleitenden Maßnahmen − vor. Neben der sportlichen Schulung ist auch eine medizinische, pädagogische und soziale Betreuung der jungen Nachwuchsspieler einbezogen.

Da in erster Linie Kinder vorgesehen sind, die noch nicht Tennis spielen, stellt der Schulsport die geeignete breite Basis des Versuchs dar. Eine regelmäßige Talentsuche an den Schulen der Stadt Duisburg ist die Grundlage für das Förderkonzept. Talentauswahlmaßnahmen werden schrittweise in den Trainingsprozeß einbezogen.

Die Entwicklung der Kinder darf nicht zugunsten kurzfristiger Erfolge im Leistungssport leiden. Die Sportwissenschaft hat nachgewiesen, daß ein langfristiger Leistungsaufbau mit einem späteren leistungssportlichen Höhepunkt größere Gesamtleistungen erwarten läßt.

Die systematische Trainingsplanung mit der Zielsetzung, einen entwicklungsgemäßen Leistungsaufbau − statt einer auch im Tennis immer früher einsetzenden Spezialisierung bereits im Kindesalter − zu erproben, wird durch den *Projektleiter* vorgenommen. Dieser wird von Sportlehrern der Schule, Übungsleitern und Trainern der Vereine unterstützt. Es wurde von folgenden Zielsetzungen im einzelnen ausgegangen:

a) Für das Tennisspiel müssen sportmotorisch talentierte Kinder gewonnen werden; der Zugang zum Tennissport darf nicht vom Elternhaus oder vom Freundeskreis des Kindes abhängig sein.

b) Talentsichtungsmaßnahmen der Tennisverbände müssen dort beginnen, wo alle Kinder eines Jahrgangs beobachtet werden können: im Schulsport.

c) Maßnahmen der Talentsuche und der Talentförderung müssen in ein Gesamtkonzept der Leistungssportförderung der Tennisverbände eingebettet sein und sich auf den Einzugsbereich von Standorten konzentrieren, die einen gezielten Leistungsaufbau der Kinder und Jugendlichen durch leistungsstarke Tennisvereine und zusätzliche Trainingsmaßnahmen der Verbände gewährleisten. Die Fahrtstrecken vom Elternhaus zum Vereins-/Verbandstraining müssen für die Kinder und Jugendlichen möglichst kurz und von ihnen allein, ohne Elternhilfe, zu bewältigen sein.

d) Ein Tennistalent hat eine größere Chance Spitzenspieler zu werden, wenn es nicht nur im technischen Bereich des Tennisspiels Talent aufweist, sondern auch gute konditionelle Grundlagen mitbringt und über vielfältige Bewegungserfahrungen im Sportspiel verfügt. Eine systematische Trainingsplanung im Leistungssport für Kinder und Jugendliche hat daher einen entwicklungsgemäßen Leistungsaufbau mit einer breit angelegten, vielfältigen Grundlagenschulung und einer erst langsam ansteigenden, tennisspezifischen Spezialisierung zum Ziel.

e) Talentfördermaßnahmen im Tennis dürfen sich nicht nur auf die sportliche Entwicklung der Kinder und Jugendlichen konzentrieren, sie müssen auch die begleitende sportmedizinische und soziale Betreuung − insbesondere die Sicherung der schulischen und beruflichen Laufbahn − einbeziehen.

Der Modellversuch in Duisburg versucht mit Hilfe eines entwicklungsgemäßen Konzepts die Realisierungsmöglichkeiten der o. g. fünf Ziele zu überprüfen. Insbesondere die pädagogische und soziale Betreuung der jugendlichen Leistungssportler muß neben den immer weiter ansteigenden Anforderungen des Trainings in erster Linie den Ansprüchen der Schule und des Arbeitgebers zur Sicherung ihrer schulischen und beruflichen Laufbahn gerecht werden. Daher dürfen die Beanspruchungen im Leistungssport die schulische Entwicklung der Kinder und Jugendlichen nicht gefährden. Einer Isolierung dieser Sportler muß durch die Pflege vielfältiger sozialer Kontakte nicht nur in Training und Wettkampf, sondern auch außerhalb des Sports im Familien- und Freundeskreis vorgebeugt werden.

Trägerschaft / beteiligte Partner

Der Modellversuch wird vom Tennisclub Grunewald Duisburg mit dem Tennis-Verband Niederrhein, dem Tennisbezirk II (Rechter Niederrhein) in Zusammenarbeit mit der Stadt Duisburg sowie den Schulen und Tennisvereinen des Duisburger Südens getragen und durchgeführt.
Die Realisierung der angegebenen Ziele erfolgt in Übereinstimmung mit den Förderungskonzepten des Landesprogramms »Talentsuche und Talentförderung in Zusammenarbeit von Schule und Verein / Verband« des Kultusministers des Landes Nordrhein-Westfalen und des Landessportbundes Nordrhein-Westfalen.
Das Projekt kann mit Erfolg nur in enger Zusammenarbeit aller Beteiligten durchgeführt werden. Die Schulen und Vereine bilden die Basis aller Talentsuchemaßnahmen. Die Schulen führen in Zusammenarbeit mit dem Projektleiter die allgemeine Grundausbildung als Vorstufe leistungssportlichen Trainings dezentral in ihren Schulturnhallen durch. Das Grundlagentraining findet zentral im Verein und auf den städtischen Tennisplätzen im Bezirkssportpark Süd statt. Im Leistungsstützpunkt des TVN (Bezirkstraining), der sich ebenfalls in Duisburg befindet, konzentrieren sich alle anschließenden Trainingsmaßnahmen des Aufbautrainings (E-Kader des TVN).
Im Rahmen des Modellversuchs – spätestens während des Grundlagentrainings – erfolgt eine gezielte Überleitung der Jugendlichen in die am Projekt beteiligten Vereine.

Beschreibung der Modellmaßnahme

Der Modellversuch ist ein Leistungssportförderungskonzept, das vier aufeinander aufbauende Förderungsstufen enthält (siehe Abb. S. 60).

Ausgehend vom Sportunterricht und von außerunterrichtlichen Sportveranstaltungen sog. Partnerschulen in der Stadt Duisburg (Talentsichtungsgruppen der sechs beteiligten Grundschulen) über ein schulübergreifendes Training in Talentförderungsgruppen (Schule/Verein) hat dieses Konzept das Kader-Training am Landesleistungsstützpunkt und die Auswahl der Athleten für ein Leistungstraining im D-, C-Kader-Bereich zum Ziel.

Förderstufe 1 — Grundausbildung: In den am Modellversuch beteiligten Schulen hat die Sportart Tennis als Lerninhalt für den Sportunterricht, aber auch als Gegenstand von außerunterrichtlichen Schulsport-Veranstaltungen einen besonderen Stellenwert.
Zur Auswahl der Schüler wird in der ersten Jahrgangsstufe der mitwirkenden Grundschulen der von der Universität Heidelberg in Zusammenarbeit mit dem Duisburger Projekt entwickelte Allgemeine Sportmotorische Test (AST 6−11) durchgeführt. Zur Zeit bestehen in Duisburg acht Talentsichtungsgruppen mit insgesamt 120 noch nicht vereinsgebundenen Kindern.
Zur Beobachtung und Ausbildung der ausgewählten Kinder werden im Rahmen des außerunterrichtlichen Schulsports bei den mitwirkenden Grundschulen jährlich insgesamt sechs Talentsichtungsgruppen mit jeweils 15−20 Teilnehmern gebildet. Jungen und Mädchen des ersten Schuljahres der Grundschulen im Alter von sechs bis sieben Jahren werden über 1 ¾ Jahre hinweg zweimal wöchentlich zu einem Training zusammengefaßt, das von Sportlehrern der Schulen und Übungsleitern der Vereine nach einem in Duisburg entwickelten Rahmentrainingsplan (DTB 1987) durchgeführt wird. Diese Gruppen sind für den Schüler auf freiwilliger Basis stattfindende Tennis-Schülersportgemeinschaften der mitwirkenden Schulen. Die Trainingsinhalte haben eine vielseitige Ausbildung der Kinder und eine behutsame und kindgemäße Einführung in das Tennisspiel zum Ziel. Eine umfangreiche Koordinationsschulung sowie die Einbeziehung anderer Sportarten (insbesondere Fußball, Hockey, Basketball/Korbball und Leichtathletik) soll die Vielseitigkeit der Arbeit in den Talentsichtungsgruppen gewährleisten.
Zur Überprüfung der im Laufe der Grundausbildung erworbenen Spielfähigkeit sowie der in den anderen Sportarten erlernten Fertigkeiten wer-

den Sportfeste durchgeführt, bei denen die einzelnen Trainingsgruppen in verschiedenen Wettkämpfen (Mehrkämpfe) gegeneinander antreten. Die Beurteilung der Kinder erfolgt nach dem ersten Jahr der Grundausbildung und am Ende dieser ersten Förderstufe. Sie erfolgt auf der Grundlage von Beobachtungen der Trainer und anhand von Leistungstests. Über jedes Kind wird eine »Leistungs-Karte« angelegt, die während der Förderstufe 2 und 3 fortgeschrieben wird.

Förderstufe 2 — Grundlagentraining: Für das Grundlagentraining werden die Kinder auf zwei verschiedenen Wegen ausgesucht: Einmal aus den Fördergruppen, die die Grundausbildung durchlaufen haben und zum anderen anhand zusätzlicher Initiativen in den dritten und vierten Schuljahren der beteiligten Schulen und in den Trainingsgruppen der mitwirkenden Tennisvereine. Die in das Grundlagentraining einbezogenen sieben- bis achtjährigen Talente werden zentral im Tennisclub Grunewald und auf den Plätzen der Stadt Duisburg in schulübergreifenden Talentfördergruppen dreimal wöchentlich trainiert.
Zur Zeit bestehen in Duisburg acht Talentfördergruppen mit insgesamt ca. 65 Kindern, die zu einem hohen Prozentsatz bereits in die Partnervereine eingetreten sind.
Das Grundlagentraining wird von Sportlehrern (mit tennisspezifischer Qualifikation) der Schulen, von Übungsleitern/Trainern der Vereine/ Bezirke/Verbände geleitet. Es orientiert sich an den Vorgaben des Rahmenplans für das Grundlagentraining.

Förderstufe 3 — Aufbautraining: Nach Beendigung des Grundlagentrainings werden jedes Jahr Jugendliche für das weiterführende Aufbautraining im Bezirk II und im TC Grunewald ausgewählt. Es dauert in der Regel vier Jahre und wird in kleinen Trainingsgruppen am Landesleistungsstützpunkt und im Verein mit drei bis vier Trainingseinheiten pro Woche durchgeführt. Zur Zeit sind 20 Kinder in sechs Trainingsgruppen in das Aufbautraining einbezogen.
Mit Beginn des Aufbautrainings sind die Kinder ca. zehn bis elf Jahre alt. Das Training wird nach einem einheitlichen Trainingskonzept der TVN-Verbandstrainer M. Gumowski und U. Wittkämper durchgeführt. Neben der spezifischen Tennisausbildung erfolgt eine umfangreiche Ausbildung im Bereich der tennisspezifischen allgemeinen Kondition. Inhalte aus an-

Abb.: *Modellversuch zur Talentsuche und Talentförderung im Tennis (DTB 1983, 11−12).*

1. Stufe: Grundausbildung
1¾; Jahr 2 x wöchentlich 1½ Std.
(Alter: 6−8 Jahre; 1.−2. Schuljahr) schulische Förderung; dezentral in sechs Grundschulen und beim TC Grunewald

Talentsichtung

Talentsichtungsgruppen der Partnerschulen im Duisburger Süden (Leitung Sportlehrer) − nach vorgegebenem Rahmenplan −

▼ ▼ ▼

Auswahl der Talente für das Grundlagentraining

2. Stufe: Grundlagentraining
2 Jahre, 3−4 x wöchentlich
(Alter: 8−10 Jahre; 3.−4. Schuljahr) schulübergreifende Förderung; zentrale Förderung im TC Grunewald und auf den städt. Plätzen

Talentförderung

Schulübergreifende Talentförderungen auf der Tennisanlage des TC Grunewald (Leitung: Sportlehrer der Schulen. Übungsleiter / Trainer des Vereins / Bezirks / Verbandes) − nach vorgegebenem einheitlichen Rahmenplan − Überleitung der Schüler in die Tennisvereine.

▼

Talentauswahllehrgänge
(Leitung: Bezirkstrainer)

▼

Auswahl der Talente für das Aufbautraining

3. Stufe: Aufbautraining
ca. 4 Jahre, 4 x wöchentlich
(Alter: ab 10−11 Jahre) zentrale Förderung im Landesleistungsstützpunkt (Bezirkstraining)

Landesleistungsstützpunkt Duisburg
− Bezirkstraining −

▼

Zentrale Förderung in Trainingsgruppen
(Leitung: Bezirkstrainer)

▼

Sichtungsmaßnahmen des Tennis-Verbandes Niederrhein

▼

E-Kader
Auswahl für das Leistungstraining

4. Stufe: Leistungstraining
(D-/C-Kader). Verbandstraining im Leistungszentrum

Landesleistungszentrum
Duisburg-Wedau

Trainingsmaßnahmen des Tennisverbandes Niederrhein (Leitung: Verbandstrainer) deren Sportarten (Fußball, Hockey, Basketball, Leichtathletik) werden einbezogen.

Förderstufe 4 – Leistungstraining: Besonders talentierte Jugendliche werden von den TVN-Trainern ins Verbandstraining übernommen, das z. Z. in Essen und Neuss (demnächst im Landesleistungszentrum Duisburg) stattfindet. Diese Jugendlichen gehören dem D-Kader des TVN an.

Koordinator / Trainer

Der Trainerbedarf wird in erster Linie durch die Anzahl der Trainingsgruppen bestimmt.
Besteht die Möglichkeit, im Rahmen der Grundausbildung noch in Gruppen von ca. 15 Schülern zu arbeiten, so können in den Trainingsgruppen des individuell ausgerichteten Grundlagentrainings nur noch vier bis sechs Jugendliche je Platz trainiert werden. Mit zunehmender Leistungsstärke steigt der Umfang des Einzeltrainings.
Neben den Aufgaben im Bereich des Trainings fallen vielfältige Arbeiten im Rahmen der Koordination der Trainings- und Fördermaßnahmen in den einzelnen Förderungsstufen des Modells an. Neben dem Projektleiter (staatl. geprüfter Tennislehrer L. Schneider), der als Trainer und Koordinator tätig ist, sind weitere fünf Trainer für die Durchführung der Trainingsmaßnahmen in enger Abstimmung mit den Sportlehrern der Schulen eingesetzt. Der sog. »Cheftrainer« U. Wittkämper entwickelt die Trainingsvorgaben.

Fortbildung der Sportlehrer und der Trainer

»Der Trainer hat über seine rein sportliche Aufgabe hinaus eine pädagogische Verantwortung für Gegenwart und Zukunft der ihm anvertrauten Kinder. Er muß Kenntnisse über die besonderen biologischen, psychischen und sozialen Entwicklungsprobleme des Kindes besitzen und in der Betreuung der Kinder anwenden können. ... Auf diese besondere Aufgabe muß der Trainer in seiner Ausbildung vorbereitet werden; die

pädagogische Qualifikation ist durch die Teilnahme an Fortbildungsmaßnahmen stetig zu verbessern« (DSB 1986, 228).
In den Modellversuch sind Fortbildungsveranstaltungen für die Sportlehrer der beteiligten Schulen und für die Trainer der mitwirkenden Tennisvereine einbezogen.
Diese Fortbildungs- und Abstimmungsmaßnahmen haben das Ziel, die Lehrer bzw. Trainer für die Mitwirkung an diesem Modellversuch zu qualifizieren und eine Abstimmung über das einheitliche Vorgehen nach dem Rahmentrainingsplan während des Trainings, insbesondere für den Bereich der Vielseitigkeit während der Grundausbildung und des Grundlagentrainings sicherzustellen. Ca. drei bis vier sogenannte »Trainerseminare« werden jährlich durchgeführt.

Pädagogische, soziale und sportmedizinische Betreuung

Zur Sicherung einer erfolgreichen Schullaufbahn der in den Modellversuch einbezogenen Schüler, werden pädagogische Betreuungsmaßnahmen durchgeführt. In Zusammenarbeit mit den Schulen werden individuelle Stütz- und Fördermaßnahmen für Schüler, die sich im Grundlagen- und Aufbautraining befinden, veranstaltet. Darüber hinaus werden
– soweit gewünscht – Empfehlungen für die jugendlichen Athleten im Zusammenhang mit einem Besuch von Schulen mit Sportschwerpunkten in den Sekundarstufen I und II ausgesprochen.
Die Nachwuchsathleten des Modellversuchs werden im Rahmen ihrer sozialen Betreuung über schulische, berufliche und gesundheitliche Fragen beraten.
Mit der Auswahl zum Grundlagentraining beginnt die sportmedizinische Betreuung. Während des Grundlagen- und Aufbautrainings erfolgt jährlich eine spezielle auf die Anforderungen der Sportart Tennis bezogene sportmedizinische Untersuchung auf der Grundlage der vom LSB NW vorgegebenen E-/D-Kader-Untersuchungsbögen.

Partnerschulen

Partnerschulen des Tennis-Clubs Grunewald und der drei anderen im Duisburger Süden mitwirkenden Tennisvereine sind:

Grundschule Lüdnitz-Allee
Grundschule Im Reimel
Grundschule Böhmerstraße
Grundschule Albert-Schweitzer-Straße
Grundschule Nordhäuserstraße
Hauptschule Heinrich-Bierwess-Straße
Realschule Süd
Mannesmann-Gymnasium
Gesamtschule Duisburg-Süd
Berufsbildende Schulen Duisburg-Süd
Steinbart-Gymnasium

Rahmentrainingsplan

Um eine vielfältige sportliche Grundausbildung zu erreichen, steht das Training während der ersten beiden Förderstufen unter der Zielsetzung »vielseitige Ausbildung« und »Einführung in das Tennisspiel«:
Bei der Grundlagenausbildung handelt es sich noch nicht um ein leistungssportliches Training. Ziele, Inhalte und Methoden charakterisieren die Grundausbildung als eine besondere Art des Trainings für allgemein motorisch begabte Schüler. Die Grundausbildung strebt, ergänzend zum Sportunterricht, neben der Einführung in die grundlegenden Fertigkeiten und Taktik der Sportart Tennis, die Verbesserung der allgemeinen körperlichen Leistungsgrundlagen der Schüler an und versucht, insbesondere das Interesse an sportlichen Leistungen zu wecken und zu steigern, um so auf ein Training im Leistungssport vorzubereiten. Daraus ergeben sich für die erste Förderstufe folgende Schwerpunkte des Trainings:

– entwickeln einer breiten konditionellen Grundlage,
– sammeln vielfältiger Bewegungserfahrungen, insbesondere im Bereich der Spiele,
– heranführen an die Technik und Taktik des Tennisspiels.

Mit dem sich anschließenden Grundlagentraining beginnt der Prozeß der sportartspezifischen Spezialisierung, der durch die zunehmende Ausrichtung des Trainings auf die Spezialtechniken und die spezifische Tak-

tik des Tennisspiels gekennzeichnet ist. Für die inhaltlich-methodische Gestaltung des Trainings sind daher folgende Ziele bestimmend:
- erlernen und ausformen aller tennisspezifischen Bewegungstechniken,
- verbessern und festigen der allgemeinen motorischen Grundeigenschaften und erweitern der Bewegungserfahrungen in den großen Spielen,
- Ausbildung der tennisspezifischen Leistungsgrundlagen,
- Beginn der Wettkampftätigkeit.

Alle Maßnahmen während dieser beiden Förderstufen erfolgen unter der Zielsetzung eines kindgemäßen, spielerischen, vielfältigen Bewegungslernens mit unterschiedlichen Trainingsschwerpunkten und unter Einbeziehung der Sportarten Leichtathletik, Hockey, Fußball, Basketball/ Korbball.

»Für das Training müssen Rahmenpläne entwickelt werden, die die verantwortbare Belastbarkeit des Kindes berücksichtigen. Inhalte und Methoden des Trainings müssen kindgemäß sein; Bewegungsvielfalt und eine vielseitige konditionelle Ausbildung haben Vorrang vor einer frühen Spezialisierung« (DSB 1986, 228).

Der Rahmentrainingsplan des Modellprojekts wurde in Zusammenarbeit mit dem Deutschen Tennis-Bund entwickelt. Er besteht aus den Teilen:

1. Sportartspezifische Ausbildung
2. Allgemeine Spielschulung und Schulung der tennisspezifischen Kondition

Aus beiden Teilen ist nachfolgend ein Auszug abgedruckt. Der vollständige Trainingsplan ist in der Broschüre des Deutschen Tennis-Bundes »Modellversuch Tennistalent« (DTB 1987), die unter maßgeblicher Mitwirkung des Duisburger Projekts erarbeitet wurde, veröffentlicht.

1. Sportartspezifische Ausbildung

Förderstufe 1 – Grundausbildung. Alter 6–7 Jahre (1¾ Jahre): Das Ziel der Grundausbildung ist es, die Schüler in kindgemäßer Form und mit altersspezifischen Geräten, Spiel- und Übungsformen zum Tennis als Leistungssport heranzuführen.

In der ersten Hälfte dieser Förderstufe sollen hierfür Kindertennisschläger sowie Schaumstoffbälle benutzt werden. Diese Geräte erleichtern den Kindern die Bewältigung der Grundfertigkeiten. Sie beschleunigen den Lernvorgang und führen somit zu schnellen Spiel- und Erfolgserlebnissen.

Mit diesen Geräten können große Gruppen (ca. 20 Kinder) auf engem Raum (Turnhalle, Hof usw.) gleichzeitig beschäftigt werden. – Der finanzielle Aufwand ist minimal.

Am Ende der ersten Hälfte der Förderstufe 1 sollten die Schüler Minitennis im Einzel und Doppel mit den Grundschlägen gerade Vor- und Rückhand, Aufschlag, Flugball und Schmetterball gemäß der angewandten Geräte beherrschen. Daher ist es notwendig, die Ausbildung aller Grundschläge parallel zu gestalten.

Im taktischen Bereich sollen die Schlagsicherheit, Schlaggenauigkeit sowie die Grundformen des strategischen Handelns entwickelt werden. Zuerst in Gruppen mit verschiedenen Spielformen, später dann in normaler Wettkampfform (Einzel und Doppel), möglichst auf einem Platz von ca. 5 x 10 m.

In der zweiten Hälfte der Förderstufe 1 werden die Kinder allmählich an den üblichen Tennisball und eine vergrößerte Spielfläche herangeführt. Am Ende dieser zweiten Hälfte soll die Feinform der Grundschläge – gerade Vor- und Rückhand, Aufschlag, Schmetterball und Flugball – mit einem Jugendschläger auf einem Platz von ca. 10 x 20 m u. U. schon auf einem normalen Tennisplatz beherrscht werden.

Die schon vorhandenen technischen und taktischen Fertigkeiten erlauben es, Matches und Turniere auf einem normal großen Feld mit normaler Zählweise durchzuführen. Während in der Förderstufe 1 vor allem Spiel- und Übungsformen in größeren Gruppen in Schulhallen und auf -höfen angewendet wurden, findet nun das Training auf dem Tennisplatz statt (Winter / Tennishalle).

Die Belastung in allen motorischen sowie physischen Bereichen soll gesteigert, Trainingsumfang, -inhalt und -intensität sollen ausgebaut und die taktischen Fähigkeiten durch Trainingsmatches verbessert werden.

In diesem Stadium muß bereits die Individualität des einzelnen Schülers berücksichtigt werden, da die Entwicklung des persönlichen Stils sowie der mentale Einfluß auf die Taktik verstärkt einsetzt.

Bei der ständig steigenden körperlichen und geistigen Beanspruchung sowie der erhöhten tennistechnischen Anforderung muß beachtet werden, daß den Kindern die Freude am Training erhalten bleibt. Das Training darf nicht unter Zwang, sondern muß freiwillig mit Eigeninteresse, Konzentration und Begeisterung ablaufen. Das bedeutet, daß die Art des Trainings altersspezifisch aufgebaut sein muß.

2. Allgemeine Spielschulung und Schulung der tennisspezifischen Kondition

Die im Rahmentrainingsplan den Ausbildungsschwerpunkten I. Schnelligkeit bis V. Kraft zugeordneten Schwerpunktbereiche (wie z. B. Läufe, Sprünge, Staffeln, kleine Sportspiele, große Sportspiele) sind verbindlich.

Die darin detailliert aufgelisteten Übungs- und Spielformen (wie z. B. Pyramidenlauf, Inselspringen, Rollball, Nummernlauf, Schwarz-Weiß, Brennball, Fußball) stellen ein Angebot für den Sportlehrer/Übungsleiter dar, aus dem er das für seine Gruppe optimale Trainingsprogramm zusammenstellt.

Projekt Osnabrück

von GÜNTER WESTERMANN

Vorbemerkungen

Tennis befindet sich seit Jahren auf dem besten Weg zur Volkssportart. Wachsende Mitgliederzahlen in den Tennisvereinen und in den kommerziellen Tennisanlagen beweisen es.
Erhebt eine Sportart den Anspruch, als Volkssportart zu gelten, so muß sie auch Schulsportart sein. Demzufolge müßte Tennis als gleichberechtigte Sportart im Schulsportangebot einen garantierten Platz in der Stundentafel haben.
Darüber hinaus müßten alle Maßnahmen systematisch, kontinuierlich und konsequent über einen längeren Zeitraum durchgeführt werden, wobei grundsätzlich der Einstieg in das Schultennis dort erfolgen sollte, wo der Beginn eines jeden geregelten Lernens zu suchen ist: In der Grundschule. In dieser Schulform können alle Kinder erreicht und mit einer interessanten Sportart konfrontiert werden. Das führt auch dazu, daß besonders talentierte Kinder rechtzeitig erkannt und einer gezielten Leistungssportförderung zugeführt werden können.

Modellversuch in Osnabrück

Der Deutsche Tennis Bund führt seit einigen Jahren Modellversuche zur Talentsuche und Talentförderung im Tennis durch.
Die Bezirksregierung Weser-Ems (Sportdezernat) war Initiator für das Projekt in Niedersachsen und ist verantwortlich für die Durchführung des Modellversuchs in Osnabrück.
Die konzeptionelle und inhaltliche Grundlage war durch den Deutschen Tennisbund vorgegeben und wurde in einigen Punkten verändert, um den Modellversuch in Osnabrück realisieren zu können.
Die umfassenden Vorarbeiten unter Einbeziehung aller zu beteiligenden Personen und Gruppen wurden von der Bezirksregierung Weser-Ems geleistet, so daß am 31. 01. 1984 die konstituierende Sitzung stattfand.

Intensive Gespräche mit dem Sportamt und dem Schulverwaltungsamt der Stadt Osnabrück, dem Schulaufsichtsamt (SAA), den Schulleitern aller Grundschulen in der Stadt Osnabrück, den Sportobleuten der Schulen der Stadt Osnabrück, dem Fachverband Tennis der Stadt Osnabrück, dem Bezirksfachverband Tennis, dem Niedersächsischen Tennisverband, den Osnabrücker Grundschulen und den Tennisvereinen in Osnabrück waren bis zum Juni 1984 erforderlich, um Interesse an der Mitwirkung im Rahmen des o. g. Modellversuchs zu wecken. Die Vorbehalte gegenüber neuen Strukturen und Inhalten sowie gegen eine gezielte Talentsuche und Talentförderung in Grundschulen waren erheblich.

Das Fazit war, daß neun Grundschulen und fünf Vereine aus der Stadt Osnabrück bereit waren, an dem Modellversuch mitzuarbeiten. Somit war und ist dieser Modellversuch ein geeigneter Beitrag zur Forderung »Schaffung von Möglichkeiten zur Zusammenarbeit zwischen Schule und Verein«.

Fünf arbeitslose und in der Disziplin Tennis besonders qualifizierte Sportlehrkräfte konnten für den Modellversuch gewonnen werden. Die Einweisung in das Konzept dieses Vorhabens fand im Rahmen von Fortbildungsmaßnahmen statt.

Nach der konzeptionellen Vorgabe wurden alle Schülerinnen und Schüler der ersten und zweiten Klassen der beteiligten Osnabrücker Grundschulen in den Monaten Januar bis März 1985 dem von der Universität Heidelberg zusammen mit dem Ausschuß für Schultennis des Deutschen Tennisbundes entwickelten Eingangstestverfahren unterzogen. Bei diesem neuartigen Testverfahren waren insgesamt 672 Schülerinnen und Schüler sowie die jeweiligen Sportlehrkräfte der Grundschulen bzw. die Sportlehrer des Modellversuchs beteiligt.

Nach eingehender Auswertung der Testergebnisse durch die Universität Heidelberg konnten am Modellversuchsstandort Osnabrück die entsprechenden Gruppenzuweisungen vorgenommen werden. Ein gesonderter Elternbrief wurde konzipiert und verschickt, um insbesondere auch die Bereitschaft der Eltern zur verstärkten Mitarbeit zu gewinnen. Mit diesem Elterneinsatz konnte gleichzeitig dem Erlaß »Die Arbeit in der Grundschule« genügt werden, der ja ausdrücklich Elternmitarbeit fordert.

Unterstützt wurde dieser Modellversuch Tennis in Osnabrück von allen Seiten: Das Sportamt der Stadt Osnabrück stellte dem Modellversuch

Hallenstunden in Sporthallen unentgeltlich zur Verfügung, das SAA gewährleistete die Zusammenarbeit zwischen den Lehrkräften und den Projektmitarbeitern und fünf Vereine aus der Stadt Osnabrück standen als Partner bei dieser systematischen Talentsuche und Talentförderung zur Verfügung.

Die Förderung der 325 »talentierten« Kinder begann im April/Mai 1985. Der Unterricht fand in der unterrichtsfreien Zeit der frühen Nachmittagsstunden in den Sporthallen der jeweiligen Grundschulen auf freiwilliger Basis statt. Kosten entstanden den beteiligten Kindern nicht.

In den Monaten November/Dezember 1985 wurden die Eltern zu Informationsabenden eingeladen. Dieses war zwar sehr zeitintensiv, garantierte aber den laufenden Kontakt bzw. die Identifikation der Eltern mit dem Modellversuch.

Die 325 Kinder wurden in zehn Gruppen aus neun Osnabrücker Grundschulen zusammengefaßt und durchliefen die erste Förderstufe. Den Schulen bzw. Gruppen wurden die Vereine zugeordnet, die im näheren Einzugsbereich der Schulen lagen und die Voraussetzungen für die Weiterführung der geplanten Tennismaßnahmen boten.

In den Monaten November/Dezember 1986 wurde nach »Rezeptbuchvorgabe« eine erneute Selektion vorgenommen. Mit diesem Test wurden konditionelle, koordinative und motorische Fähigkeiten und Fertigkeiten der Kinder im Hinblick auf das mit Beginn der Freiluftsaison (01.05. 1987) aufzunehmende Grundlagentraining vorgenommen.

Nach diesem Test wurde für die Sommersaison 1987 eine neue Gruppenzuordnung erarbeitet. Neun Gruppen mit 120 Kindern konnten im Schuljahr 1987/88 betreut werden. Das Verhältnis zwischen Jungen und Mädchen fiel 2/3 zu 1/3 zugunsten der Jungen aus.

Nach dieser vorläufigen Zuweisung fand auf der städtischen Sportfreianlage ein von den Sportlehrern und dem Projektleiter organisiertes Spielfest am 26.05.1987 statt. Bei diesem, vom Sportamt der Stadt Osnabrück großzügig durch Bereitstellung der Spielflächen und Materialien unterstützten Vorhaben wurden Gruppen gebildet, welche verschiedene Mannschaftssportarten wie »Ball über die Schnur«, »Brennball«, »Völkerball« und »Fußball« ausgetragen haben. Den sportlichen Abschluß dieses Spielfestes, an dem alle nach der zweiten Selektion noch verbliebenen Kinder teilgenommen haben, bildete ein 6-Minuten-Lauf als Konditionstest.

Dem Spielfest lagen mehrere Intentionen zugrunde:
- Der kommunikative Aspekt — Die Kinder aus verschiedenen Stadtteilen und Schulen sollten einander kennenlernen.
- Eine vorsichtige Form eines ersten »Wettkampfcharakters« zwischen den einzelnen Schulen und Gruppen.
- Die Projektmitarbeiter konnten bei diesem Zusammentreffen ebenfalls bisher noch nicht bekannte Kinder und Gruppen kennenlernen und gleichzeitig beobachten.

Zu diesem »Spielfest« war auf Einladung des Projektleiters auch der Bundestrainer des Deutschen Tennis Bundes, Jürgen Kania, aus Hannover vom DTB-Leistungszentrum erschienen. Herr Kania war sehr angetan von der Organisation, der Spielstärke und der Leistungsfähigkeit einiger am Osnabrücker Modell beteiligten Kinder. Er hat die Siegerehrung vorgenommen und konnte einen außerordentlich guten Eindruck mit nach Hannover nehmen. Ebenfalls war er über das Engagement der Projektmitarbeiter und über die Leistungsfähigkeit dieses als Neuland für Niedersachsen/Osnabrück betretenen Feldes erfreut. Positiv wurde die gut entwickelte Kooperation zwischen dem Sportamt der Stadt Osnabrück, dem SAA, den Schulleitern der beteiligten Osnabrücker Grundschulen, den Sportobleuten der Schulen, den Fachverbänden Tennis und der Bezirksregierung Weser-Ems angemerkt.
Am 10. Juni 1987 wurde ein Tennisturnier organisiert und durchgeführt. Unter reger Teilnahme der Elternschaft wurden am Vormittag die Vor- und Zwischenrundenspiele und am Nachmittag die Finalspiele ausgetragen. Wichtig zu erwähnen ist, daß die Halb- und Finalisten keinen Tennis- oder sonstigen Sportvereinen angegliedert waren.
Die am Modellversuch beteiligten Mitarbeiter konnten sich aufgrund der Beobachtungen, sowohl beim Spielfest als auch beim Tennisturnier, für das weitere Vorgehen wichtige Eindrücke verschaffen.
Nach einer erneut vorgenommenen Selektion im Herbst 1987 (Schuljahr 1987/88) wurden 60 Kinder in das Winterhallentraining übernommen.
Im Sommer 1988 wurde auf der vom Osnabrücker Sportclub kostenlos zur Verfügung gestellten Anlage ein Tennisturnier ausgetragen. Als Sponsor konnte die Firma Rossignol gewonnen werden, die den Kindern interessante und wertvolle Preise zur Verfügung stellte. Am 13. und

14. Juni 1988 trafen sich 55 Kinder (45 Jungen und 10 Mädchen), um an dem Tennisturnier teilzunehmen. Der Austragungsmodus gewährleistete, daß alle Kinder mehrmals spielten und auch die schlechteren die Möglichkeit hatten, sich über spätere Spiele weiter zu qualifizieren.
Der Landestrainer des Niedersächsischen Tennisverbandes, F. A. Kälz, und der Bezirkstrainer des Tennisbezirks Weser-Ems, H. G. Peters, waren von der bisherigen im Modellversuch geleisteten Arbeit überzeugt und empfanden das in diesem Turnier gezeigte Niveau hinsichtlich der Allgemeinmotorik, Kondition, Spielwitz und Schlagtechnik recht ansprechend.
Die Verbandstrainer und die Verantwortlichen des Modellversuchs waren sich darüber einig, den eingeschlagenen Weg beizubehalten.
Die Finalisten bei den Jungen erhielten als 1. Preis einen Wochenaufenthalt im Rossignol-Trainingscamp im Stubaital (Österreich). Die weiteren Sieger erhielten Preise und Urkunden, alle teilnehmenden Schülerinnen und Schüler bekamen ein T-Shirt und Poster auch als besondere Anerkennung dafür, daß sie nunmehr drei Jahre freiwillig an diesem Modellversuch teilgenommen hatten.
Alle Beteiligten konnten ein sehr positives Fazit von dieser Veranstaltung ziehen und waren sich über den besonderen Wert dieses Leistungssportkonzepts einig.
Am 13./14. August folgten drei Mannschaften (zwei Jungenmannschaften, eine Mädchenmannschaft) des Osnabrücker Modellversuchs einer Einladung des Duisburger Projektes zur 2. Duisburger Talentiade, einem Mannschaftsmehrkampf für tennisspielende Kinder. Dort wurden in verschiedenen Ballspielsportarten wie Hockey und Fußball als auch in Lauf- und Wurfspielen Motorik, Koordination, Geschicklichkeit und Kondition getestet. Die Tennisspiele wurden am 2. Turniertag ausgetragen. Mit unterschiedlichem Erfolg kehrten die Mannschaften nach zwei anstrengenden Turniertagen müde und erschöpft, aber glücklich und zufrieden und mit neuen Eindrücken nach Osnabrück zurück.
In das Winterhallentraining 1988/89 wurden 31 Schüler (26 Jungen und 5 Mädchen) übernommen. Nach Abschluß des Winterprogramms im April 1989 wurden am 22. 05. 1989 die o. g. Kinder einem intensiven Leistungstest unterzogen. Nach eingehender Beurteilung wurden 14 Kinder

(zehn Jungen und vier Mädchen) in das Training der nächsten Förderstufe übernommen.
Diese 14 Kinder werden z. Z. im Rahmen des Osnabrücker Modells im tennistechnischen und tennistaktischen sowie im konditionellen Bereich gefördert. Dazu kommt das Training in den Vereinen und für einige das Training im Kreiskader. Es wird sich in Kürze herausstellen, ob einige Kinder auch in die Bezirksförderung hineinkommen werden.
Die Finanzierung dieses Modells wurde bisher ausschließlich mit den Mitteln des Deutschen Tennisbundes und denen des Niedersächsischen Tennisverbandes vorgenommen. Darüber hinaus wurden die Sporthallen an den Schulen vom jeweiligen Schulträger kostenlos zur Verfügung gestellt.

Kurze Zusammenfassung

Der Modellversuch in Osnabrück hat bisher gezeigt, daß eine derartig angelegte Talentsuche und Talentförderung im Tennis ein ungeheures Engagement der Projektmitarbeiter erfordert, hervorragende Kontakte zwischen den beteiligenden Personen und Gruppen hergestellt werden müssen und ein Höchstmaß an Idealismus von allen aufgebracht werden muß, um Ergebnisse zu erzielen, die sich vom traditionellen Tennistraining in den Vereinen wesentlich unterscheiden.
Ein wesentliches Problem ist die Finanzierung eines derartigen Versuchs, die eigentlich in der Form, wie es in Osnabrück praktiziert worden ist, unbefriedigend bleiben muß. Es ist illusorisch zu glauben, daß derartige Anstrengungen lediglich mit ehrenamtlichem Engagement bewältigt werden können und mit einem Finanzierungsbeitrag, der weit unterhalb eines zu verlangenden Minimums liegt.
Dennoch hat der Versuch gezeigt, daß eine konzeptionelle Idee umsetzbar ist, wenn alle Beteiligten (Schule, Elternhaus, Kinder, Tennisvereine usw.) nahtlos kooperativ und mit großem Engagement das Ziel verfolgen, welches vorgegeben ist.
Für die Schulen stellt das Modell eine Möglichkeit dar, ein freiwilliges Zusatzangebot für talentierte Kinder bereitzuhalten. Dieses Konzept ist im übrigen von der Idee her auch auf andere Sportarten zu übertragen.

Auf der Grundlage der Erfahrungen aus diesem Versuch wurde ein Faltblatt zum Thema »Talentsuche und Talentförderung im Lande Niedersachsen – ein Beitrag zur Zusammenarbeit zwischen Schule und Verein« vom Niedersächsischen Tennisverband veröffentlicht. Diese Informationen sollen einen ersten Einstieg in dieses Problemfeld ermöglichen und anregen, über geeignete Modelle vor Ort nachzudenken. Insofern hat auch der Modellversuch in Osnabrück wichtige Erkenntnisse geliefert, die insbesondere auch den einzelnen Vereinen zugute kommen können, wenn diese sich mit der Problematik Talentsuche und Talentförderung beschäftigen.

Tabelle 1: Modellversuch Osnabrück – zeitlicher Ablauf

1984	Planung und Organisation des einzurichtenden Modellversuchs »Tennis« Talentförderung durch Schule und Verein als Kooperationsmodell
1985	Testverfahren an 9 Osnabrücker Grundschulen in 35 Schulklassen mit 672 Schulkindern
1986	Beginn der sportmotorischen und koordinativen Grundausbildung in den Turnhallen der jeweiligen Grundschulen – I. Förderstufe
1987	Beginn des Grundlagentrainings – II. Förderstufe »Spielfest« und Tennisturnier im Mai/Juni 1987 auf der »Illoshöhe«
1988	Rossignol-Cup am 13./14. Juni 1988 in Osnabrück auf der OSC-Tennisanlage Teinahme an der II. Duisburger TVN-Talentiade am 13./14. August 1988 – III. Förderstufe
1989	IV. Förderstufe – Spezielles Vereins- und Kadertraining

Tabelle 2: Beteiligte Schulen / Vereine

Grundschule Rückertschule	– VFL
Grundschule Elisabethschule	– VFL
Grundschule Wüste	– OSC
Grundschule Kalkhügel	– OSC
Kath. Grundschule Sutthausen	– Sutthausen
Grundschule Sutthausen	– Sutthausen
Grundschule Herrenteichswall	– OTHC
Grundschule Haste	– Spielvereinigung Haste

Projekt Hamm

von ROBERT HAMPE

Die Grundidee war, das große Talentreservoir im Schulbereich über Talentsuche und Talentförderung wahrzunehmen und zu nutzen. Im folgenden werden die Grundstrukturen des Modellversuchs beschrieben.

Ziele

Es wird eine sportmotorische Ausbildung mit der Zielsetzung, eine sportliche Höchstleistung zu erreichen, angestrebt. Grundlage dafür sind der gleichbleibende Ort mit aufeinander abgestimmten Trainingsprogrammen und trainingsbegleitenden Maßnahmen. Hierbei ist eine pädagogische, soziale und medizinische Betreuung vorgesehen. Eine systematische Trainingsplanung wird von der Projektleitung durchgeführt. Die praktische Unterstützung wird durch qualifizierte Sportlehrer, Übungsleiter und Trainer gewährleistet. Die regelmäßige Talentsuche findet in den Schulen von Hamm rund um den TC Grün-Weiß statt.

Träger und Partner des Modellversuchs

Für die Durchführung des Projekts konnte der TC Grün-Weiß Hamm, der WTV-Bezirk III, das Kultusministerium NRW, das Schulamt der Stadt Hamm, sowie die Grund-, Haupt-, Realschulen und das Märkische Gymnasium gewonnen werden.

Praktische Umsetzung

1. Sichtung und Förderung

In den einzelnen Schulen findet die Talentförderung nach dem Rahmentrainingsplan (vgl. 1. Stufe »Grundausbildung«) statt. Die bei der Talentsichtung ausgewählten Kinder nehmen anschließend an der überschulischen Talentförderung auf der Anlage des TC Grün-Weiß Hamm teil. Daran schließt sich die Überleitung der Schüler in die Tennisvereine von Hamm an. Aufgrund der Sichtungsmaßnahmen des WTV besteht für sie die Möglichkeit, an Trainingsmaßnahmen des DTB teilzunehmen.

Abb.: Schematische Darstellung der aufeinanderfolgenden Sichtungs- und Förderungsmaßnahmen:

Grundschulen der Stadt Hamm		Anlage des TC Grün-Weiß Hamm
Talentförderung nach dem Rahmentrainingsplan	*Talentsichtung* ▶	überschulische Förderung
(Trainingsmaßnahmen des DTB)	◀ *Sichtungsmaßnahmen des WTV*	Überleitung der Schüler in die Tennisvereine von Hamm

2. Trainingsgestaltung

Grundlage dieses Modellversuchs stellt ein Konzept, das in vier Förderungsstufen gegliedert ist, dar.

1. Stufe »Grundausbildung«: Im Alter von sechs bis acht Jahren (erstes und zweites Schuljahr) werden die Kinder zweimal in der Woche jeweils 1,5 Stunden gefördert. Dieses Training dauert zwei Jahre an. Dabei wird die Auswahl der Talente für das Grundlagentraining vorgenommen.
Die Grundausbildung dient der Einführung in das Tennisspiel mit dem Schwerpunkt der vielfältigen sportmotorischen Grundausbildung. Jeweils in der dritten Schulwoche eines neuen Schuljahres, werden die Kinder der ersten Klassenstufe der drei beteiligten Grundschulen nach dem AST 6–10 (Allgemeiner Sportmotorischer Test für sechs bis zehn Jahre) getestet. Jeweils 20 Schüler pro Schule werden in die Fördergruppen aufgenommen. Am Ende der zwei Jahre wird der TT 8–11 (Tennis-Test für acht bis elf Jahre) in allen drei Grundschulen durchgeführt. Die zehn besten Kinder jeder Schule werden in die Fördergruppe Stufe 2 übergeleitet.

2. Stufe »Grundlagentraining«: In dieser Stufe werden die Talente (acht bis zehn Jahre, drittes und viertes Schuljahr) zweimal pro Woche, jeweils 1,5 Stunden auf der Anlage des TC Grün-Weiß Hamm trainiert. Die zweite Stufe geht bereits auf die Vereinsebene über, d. h. daß hier z. B. Tests und Sichtungswettkämpfe in den Bereich des Aufbautrainings überleiten. Nach zwei Jahren Förderung auf der zweiten Stufe nimmt der Verbandstrainer des WTV, Herr Sonsolla, eine Sichtung vor und bestimmt, welche und wieviele Kinder in die dritte Stufe der Förderung übernommen werden.

3. Stufe »Aufbautraining«: Auch in dieser Förderstufe werden die Jugendlichen über einen Zeitraum von zwei Jahren hinweg zweimal wöchentlich beim TC Grün-Weiß Hamm gefördert. Die erkannten Talente werden in das Stützpunkttraining auf der Anlage des TC Grün-Weiß Hamm und teilweise in das Bezirkstraining des Bezirks III/WTV aufgenommen.

4. Stufe »Höchstleistungstraining«: Diese Stufe, Verbandstraining am LLZ, konnte in Hamm noch nicht eingerichtet werden.

Begleitende Maßnahmen

a) Die pädagogische Betreuung umfaßt auch individuelle Förder- und Stützmaßnahmen im Hinblick auf eine erfolgreiche Schullaufbahn.
b) Der soziale Gesichtspunkt wird in der Beratung über schulische, berufliche und gesundheitliche Fragen berücksichtigt.
c) Die Nachwuchstalente erhalten einmal jährlich eine medizinische Vorsorgeuntersuchung.

2.4 Talentförderung durch Verband, Sponsoren und Schule — Projekt Miesbach

von MARTIN PRINZ

Voraussetzungen

Miesbach ist eine Kreisstadt mit ca. 9000 Einwohnern, und sie wird seit vielen Jahren nicht von ungefähr als »Schulstadt« bezeichnet: 1771, als die Allgemeine Schulpflicht eingeführt wurde, war in der damaligen Bevölkerung eine beträchtliche Abneigung gegen die Schule verbreitet, da man das Lesen, Schreiben und Rechnen als unnötig ansah und sich davon sogar Nachteile erwartete, wie etwa die Heranziehung zu Verwaltungsaufgaben. Der Sport allerdings hatte im dortigen Tal relativ früh Eingang gefunden. Die Erkenntnis der Bedeutung leiblicher Gesundheit für das geistige Wohlbefinden trug dazu bei, daß Bewegung in freier Luft, Arbeiten im Garten, Baden, Schwimmen, Schneeballwerfen, Schlittenfahren, Schlittschuhlauf und Schneelauf in den Stundenplänen auftauchten. Die Unentbehrlichkeit der Leibesübungen für die Jugenderziehung, so wie sie Christian Gotthilf Salzmann (1744—1811) vertrat, ist bis heute Bestandteil in der Erziehung der Sportjugend Miesbachs geblieben.
Im Laufe der Zeit hatten sich zwei Volksschulen mit zumindest regionaler Bedeutung entwickelt. Fünf weitere Anstalten sorgten dafür, den Ruf Miesbachs als »Schulstadt« über die Grenzen hinaus bekannt zu machen. Dieser Kontext war auch Grund und Anlaß dafür, daß Miesbach als Standort für einen Modellversuch »Talentsuche und Talentförderung im Tennis« gewählt wurde. Nach langen Vorarbeiten startete am 7. Februar 1984 dieses Projekt nach einem Muster des Deutschen Tennis-Bundes. Die Initiatoren dieses Versuchs waren der Landesreferent für Schultennis, M. Prinz, der staatl. gepr. Tennislehrer Potutschnig und der Tennistrainer im VDT, S. Schmid.

Ziel des Modellversuchs

Folgende Gesichtspunkte liegen dem Modell zugrunde:
1. Für das Tennisspiel sollten sportmotorisch talentierte Kinder gewon-

nen werden. Der Zugang zum Tennissport sollte nicht vom Elternhaus oder vom Freundeskreis des Kindes abhängig sein.
2. Mit den Maßnahmen zur Talentsichtung wollte man im Schulsport beginnen, um alle Kinder eines Jahrgangs beobachten zu können.
3. Zunächst war geplant die Talentsuche auf den Einzugsbereich von Miesbach zu konzentrieren, um einen gezielten und überschaubaren Leistungsaufbau der Kinder und Jugendlichen gewährleisten zu können. Die Fahrtstrecken vom Elternhaus zum Training mußten von den Kindern selbst, also ohne Elternhilfe, zu bewältigen sein.
4. Bei Bewährung dieses Modells könnte später versucht werden, sog. »Tochtermodelle oder Teilmodelle« in umliegenden Orten einzurichten oder kooperativ einzubinden.
5. Um eine zu große Fluktuation zu vermeiden war geplant von allen Schülern einen »Eigenbetrag« einzuziehen. Um alle Unkosten decken zu können, sollte nach Sponsoren gesucht werden. Sowohl seitens des DTB als auch des BTV wurde »geistige Rückendeckung« gewährleistet.
6. Alle unterrichtenden Lehrkräfte sollten sowohl aus dem Schuldienst im Bereich Miesbach stammen, als auch Befähigung für Tennisunterricht nachweisen können.
7. Geplant war, alle Absprachen mit den Kindern, den Schulen und der Tennisanlage zunächst auf ein Jahr zu befristen.
8. Ziel mußte das Motto der Grundsatzerklärung des Deutschen Sportbundes von 1983 sein:»Leistungen zu erbringen, zu erfahren und zu erleben, ist für die Entwicklung des Kindes und die Entfaltung seiner Persönlichkeit von besonderer Bedeutung«.

Planung

Der erste Schritt bestand darin, die Sportlehrer der umliegenden Schulen zu einem Gespräch einzuladen, um sie mit diesem »Modell« bekannt zu machen. Gleichzeitig fanden Gespräche mit dem »Tennisclub Miesbach« sowie mit dem Betreiber des »Sportparks Schlierachtal« statt. Dort könnte der Unterricht der Kinder erfolgen. Aber auch die finanzielle Basis war Gesprächsgegenstand. Es gab erste Kontakte mit der ortsansässigen Geschäftswelt und der Tennisindustrie.

Nachdem die Unterstützung durch die Sportlehrer gesichert war und auch der Sportpark weitgehendes Entgegenkommen signalisierte, konnte das Gesamtkonzept der Elternschaft der Grundschüler vorgestellt werden. Die lokale Presse hatte bereits einen ausführlichen Bericht veröffentlicht und in diesem Zusammenhang das geplante Modell als einen einmaligen Versuch dargestellt. Es wurde die Chance betont, über alle vermeintlichen oder befürchteten Schranken hinweg das Tennisspielen lernen zu können. Nachdem die Sportlehrer der dritten und vierten Jahrgangsstufe bereits eine Vorauswahl motorisch begabter Kinder getroffen hatten, konnte am 7. März 1984 gewissermaßen an den Start gegangen werden. Nahezu siebzig Kinder hatten sich für den Eignungstest gemeldet. Es zeigte sich allerdings bald, daß sich auch Schüler aus umliegenden Gemeinden für diesen Auswahl-Test gemeldet hatten.
Lediglich Kinder, die noch nie Tennis gespielt hatten, wurden zugelassen. Den Test haben Sportlehrer und Tennislehrer an zwei Tagen in einer Schulturnhalle durchgeführt. Es galt die Bewerber auf Ausdauer, Schnelligkeit, Geschicklichkeit, Koordination, Kraft, Ball- und Raumgefühl hin zu testen. Es waren vierzig Plätze zu vergeben, aus denen noch einmal die 24 besten Bewerber nominiert wurden. Sie sollten für die nächsten drei Jahre die Kern-Zielgruppe bilden. Aber auch die zunächst zurückgestellten Mädchen und Knaben wurden nicht vergessen. Ihr Interesse sollte vorab belohnt werden, weshalb ihnen ein eigener Lehrgang angeboten wurde, der sich allerdings selbst zu finanzieren hatte.

Finanzierung, Träger und Partner des Modellversuchs

Der Modellversuch erfolgte, wie oben ausgeführt, mit Unterstützung des Deutschen Tennis Bundes und des Bayerischen Tennis-Verbandes. Mit der Leitung wurde der Landesreferent für Schultennis im BTV betraut. Seine Aufgabe war es, Planung und Ausführung zu strukturieren, Schule und Vereinsarbeit zu kombinieren, für die Aus- und Weiterbildung der Lehrkräfte zu sorgen und weitere erforderliche Organisations- und Betreuungsmaßnahmen zu ergreifen. Als Partner wurden der TC-Miesbach und die kommerzielle Tennisanlage »Sportpark Schliearchtal« gewonnen. Die Finanzierung wurde folgendermaßen gesichert:

a) Die Geschäftswelt der Stadt Miesbach wurde zu Spenden aufgefordert.
b) Die Werbung lief unter dem Motto »Förderer des Projekts Talentsuche im Schultennis«, die Werbeleistung war an eine gewisse Summe gebunden.
c) In intensiven Verhandlungen und durch Gespräche mit den einzelnen Fraktionen des Stadtrates der Stadt Miesbach wurde erreicht, daß die Anlagen des Sportparks »Schlierachtal« für das Schultennis zu besonders günstigen finanziellen Bedingungen benutzt werden konnten. Der Betreiber des Sportparks sollte als Gegenleistung gewünschtes Gelände zum Bau von Freiplätzen zu besonders günstigen Konditionen gemäß Erbbaurecht erhalten. Diese besondere Vergünstigung für das Schultennisprogramm blieb notariell festgehalten.
d) Langjährige Beziehungen zur Fa. »Völkl-Ski und Tennis« in Straubing, und zur Ballfirma »ICS-Intercon-Sport« in Augsburg ließen sich in das Projekt einbauen. Die Firmen sorgten für eine kostenlose Ausrüstung der Kinder.
e) Ein eigener Förderkreis wurde geplant.
f) Die »Dresdner Bank« sicherte auf zunächst drei Jahre zu, das Projekt mit jährlich DM 10.000 zu unterstützen.
g) Der verbleibende noch offene Betrag war durch die Anzahl der Schüler zu teilen und Berechnungsgrundlage für einen erschwinglichen monatlichen Beitrag.
h) Seitens des DTB wurden jährlich DM 5.000 zugesichert. Dieses Geld sollte als Rücklage dienen.

Durchführung

Zum Schulbeginn 1984 trafen sich die ausgewählten Kinder zum ersten Training. Als Ausrüstung brauchte jedes Kind nur Turnkleidung und ein Paar Turnschuhe mitzubringen. Die Schläger hatten die Firma »Völkl«, die Bälle die Firma »ICS« zur Verfügung gestellt. Sowohl die Schläger als auch die Bälle waren Ergebnisse einer Weiterentwicklung aus dem Schultennis. Somit konnte der Landesreferent seine bisher gewonnenen Erfahrungen in das Projekt einbringen. Hintergrund war vom »Speckbrett«

wegzukommen und über den »Raquetballschläger« ein ausgesprochen kindgerechtes Sportgerät zu entwickeln. Es wurden auch besondere Bälle entwickelt, die leichter waren als normale Tennisbälle, ihnen aber äußerlich ähnelten. Über den Umweg japanischer Gummibälle und Raquetballbälle kam es zum »ICS-Easy-Play-Ball«, der im Verlauf des Projekts seine Weiterentwicklung fand.
Für die Grundausbildung erwies sich die enge Kooperation von Industrie und Projekt von großem Vorteil, da sich hier parallel zum Modellversuch auch entsprechende Tennisgeräte ausprobieren ließen. Bis heute hat sich diese Zusammenarbeit bewährt.
Der Unterricht erfolgte von Anfang an in der Tennishalle auf drei Plätzen mit jeweils acht Kindern. Das Tennistraining selbst umfaßte wöchentlich zwei Stunden; hinzu kam noch allgemeines Konditionstraining. Als Lehrer fungierten staatliche Tennislehrer, Übungsleiter und Sportlehrer. Vorgesehen war das im Projekt Erlernte in den Vereinen zu üben.
Da es im Rahmen der bayerischen Grundschulen nicht möglich ist, Tennis zu unterrichten, war das gesamte Training außerschulisch zu planen. Die Grundschulen selbst sicherten ihr prinzipielles Wohlwollen zu. Basis für die Grundausbildung war das Kleinfeldtennis. Im allgemeinen Bereich wurde vor allem Hockey gespielt. Bereits zu Weihnachten ließ sich den Eltern erstmals »Erlerntes« vorführen. Mit der Elternschaft wurden auch Möglichkeiten und Probleme der Zusammenarbeit erörtert. So bildete eine gemeinsame Weihnachtsfeier den Abschluß im Jahre 1984.
Nach den Weihnachtsferien kam es zur unverzüglichen Wiederaufnahme des Trainings, so daß bereits Ostern 1985 daran zu denken war, die Zielgruppe nach ihrer Leistungsstufe neu aufzuteilen. Gleichzeitig war zu überlegen, wie nun auch Kinder aus umliegenden Gemeinden in den Modellversuch integriert werden könnten. Das Interesse galt hier besonders Holzkirchen, da diese Marktgemeinde stattliche 10 000 Einwohner hat, sich in der Grundschule bedeutend mehr interessierte Kinder fanden und hier infolge des starken Zuzugs ein besonderes Interesse an Tennis feststellbar war. Das Problem lag hier einzig allein in fehlenden Sportanlagen. Um hier eine Lösung herbeizuführen wurde ein Bus nötig. Dabei zeigte der Sportpark verständnisvolles Entgegenkommen, als er seinen Kleinbus zur Verfügung stellte und die Projektleitung lediglich den Fahrer zu stellen hatte.

Am 13.5.1985 kam es dann in der Grundschule Holzkirchen zum bereits beschriebenen Test zwecks »Talentsuche«. Von fünfzig Bewerbern wurden vierundzwanzig ausgewählt.
Mittlerweile hatte sich das Projekt auch in den Gemeinden Schliersee, Hausham und Warngau empfohlen. Schulen traten an uns heran und baten ebenfalls, ihre Kinder zu testen. In kürzester Zeit kamen wir so auf über 120 Schüler. Es galt, neue Sponsoren zu finden, um mit Schulbeginn 1985 alle interessierten, gewonnenen Schüler unterrichten zu können. Ein eigener Termin- und Busfahrplan wurde erstellt. Selbstverständlich mußte vor allem die Finanzierung gesichert sein. Zusätzlich zum Unterricht übernahmen die Lehrer spezielle Ressorts. Das Schwergewicht lag auf dem Sponsorentum. Bäcker, Metzger, Händler, Banken zählten nun zu den Förderern.
Um bei den Sponsoren fündig zu werden, wurde gleichzeitig die Entwicklung dieses Modellversuchs redaktionell aufgearbeitet und den öffentlichen Print- und Elektronikmedien angeboten. So erschien im Augustheft 1985 des »Tennismagazins« ein mehrseitiger Bericht. Das Bayerische Fernsehen drehte einen dokumentarischen Kurzfilm und strahlte ihn im September 1985 aus. Mehrere Interviews mit dem Leitungsteam und Teilnehmern kamen im Rundfunkprogramm. Sowohl Lokalblätter als auch die »Süddeutsche Zeitung« brachten über das Projekt »Schultennis« Berichte.
Die Zeit von Ostern bis Sommer 1985 war angefüllt mit Vorbereitungen für den kommenden Schuljahrsbeginn. Das Prinzip der inneren Differenzierung bewährte sich. Mit Genugtuung ließ sich feststellen, daß bis Juli 1985 kein einziger Schüler abgesprungen war.
September 1985 galt es, einen unerwartet hohen Tennis-Ansturm zu bewältigen. Stundenpläne mußten regelrecht mit Fahrplänen abgestimmt werden. Haltepunkte für den Bus wurden vereinbart, und perfekte Koordination war gefragt. Weihnachten 1985 kam es erneut zu einer großen »Familienfeier«. Erstmals fand ein Kleinfeldtennisturnier mit unseren »Beginnern« statt. Gleichzeitig konnten wir erste Vergleiche zwischen der Gruppe der sog. »Talente« und jener Gruppe ziehen, in der sich die »Tennisdurchfaller« befanden.
Im September 1986 konnte die zweite Stufe des Projekts beginnen. Aufgrund günstiger Voraussetzungen vor Ort ließ sich in einer nahegelege-

nen Turnhalle zusätzliches Konditionstraining einrichten. Mit Hilfe des Kleinbusses wurden die Schüler zu einem wöchentlichen Waldlauftraining transportiert. Da die Trainer den Transport nicht selbst übernehmen konnten und die Eltern nicht in der Lage waren, ihrerseits die Kinder zu den Sportstätten zu transportieren, war ein eigener Fahrer zu engagieren. Diese Aufgabe erwies sich im Gesamtbudget als besonders schmerzlich.

Mittlerweile betrug die Schülerzahl im Projekt ca. 140 Kinder. Trainingseinheiten wurden von Montag bis Freitag durchgeführt. Seitens des ortsansässigen Klubs wurden diese Aktivitäten mit Aufmerksamkeit begleitet. Indirekt kam die Angst auf, daß sich in nächster Zeit zu viele Jugendliche an den Klub um Aufnahme wenden würden, was man infolge eines Aufnahmestops hätte ablehnen müssen. Auch die weiterführenden Schulen Miesbachs äußerten gewisse Bedenken. Infolge der erklärt musischen Orientierung des Gymnasiums kamen Befürchtungen auf, daß der Sport eine Überbewertung erfahren könnte. Aus diesem Grund wurde auch das Angebot, ein sog. »Tennisgymnasium« einzurichten, betont zurückhaltend aufgenommen. In der Realschule befürchtete man, die auf sie zukommende Schülerzahl in punkto »Tennis« gar nicht erst bewältigen zu können. Andererseits führte der dortige Sportlehrer ein eigenes Tennistraining auf privater Basis durch und sah sich gehalten darauf zu achten, daß die Schüler nicht sozusagen zum Projekt »überliefen«.

Trotz all dieser vorhersehbaren Schwierigkeiten gestaltete sich das Jahr 1985/86 sehr erfolgreich. Unsere Schüler errangen den oberbayerischen Schulmeistertitel und waren auf dem besten Wege für das Bayernfinale. Um auch Erfahrungen an anderen Orten mit ähnlichen Voraussetzungen sammeln zu können, kam es im selben Jahr zu Teilprojekten und zwar in Kempten, München und Straubing. Hierzu sicherte die Dresdner Bank größtmögliche Unterstützung zu.

Teilprojekt Kempten

Am 16. Mai 1986 startete der Schultennisreferent für Schwaben, Herr Bandmannk, an seiner eigenen Grundschule ein Projekt, das auf den Erfahrungen von Miesbach aufbauen sollte. Die Finanzsituation war hier insofern günstiger, als beispielsweise kein Bustransport eingerichtet wer-

den mußte und die Kinder in schuleigenen Hallen unterrichtet werden konnten. Der Tennisunterricht wurde auf den frühen Nachmittag gelegt und zur außerschulischen Veranstaltung deklariert, was bedeutete, daß die Kinder lediglich zusätzlich versichert werden mußten.
Außer der Dresdner Bank wurden, ähnlich wie in Miesbach, lokale Sponsoren eingeschaltet. Die Firma »Völkl-Ski und Tennis« sorgte auch hier für die Ausrüstung. Die Kinder hatten einen eigenen finanziellen Beitrag zu entrichten, der bei bestimmten Gegebenheiten und Bedingungen erlassen werden konnte. Somit blieb die soziale Komponente berücksichtigt, jedes Kind hatte theoretisch die Chance, unabhängig vom »Status« des Elternhauses das Tennisspiel zu erlernen. In diesem Projekt sollten nur Kinder unterrichtet werden, die faktisch jene Grundschule besuchten, an die das Modell angeschlossen war.

Teilprojekt München

Am 7. März 1986 wurde das in die Wilhelm-Röntgen-Realschule integrierte Projekt als Modellversuch ins Leben gerufen. Hierbei galt es vor allem ältere Kinder an das Tennisspiel heranzuführen und herauszufinden, ob sich auch z. B. zwölfjährige Schüler noch für eine Talentsichtung und Talentförderung eignen würden. Das gesamte Projekt war von Anfang an in den Schulbetrieb integriert. Die Finanzierung war durch die Firmen »Dresdner Bank«, »Völkl-Ski und Tennis«, Fa. »Kleylein-Ergo Griff« und die Fa. »Suzuki« abgesichert. Die Stadt München sicherte großzügig und verständnisvoll die kostenlose Überlassung der Tennisplätze zu. Fa. »Intercon-Sport-ICS« sorgt seit Beginn für Supply mit den notwendigen »Easy-Play-«Lernbällen. Die Bayerische Innung für Karosseriebau spendierte nicht weniger als 5000 Turnierbälle und stellte 1988 anläßlich der Handwerksmesse einen Stand zur Verfügung, auf dem sich das Projekt darstellen konnte. Weiterhin zeigte u.a. eine Gruppe des Projekts ihr Können bei Carolin Reiber in der Sendung »Fleckerlteppich«. Am 28. 11. 88 spielten anläßlich des Olympiatags, das größte Sportfest in der Bundesrepublik Deutschland, über 70 Schüler auf zwei Feldern mit leuchtenden Bällen und demonstrierten so ihre Ballgeschicklichkeit. Unterstützt wurden sie dabei vom Landestrainer Tom Würth und den Weltklassespielern Hansjörg Schwaier und Paul Vojtischek. Weiterhin waren die Schüler durch Turniere mit Rollstuhlfahrern u. a. mit dem Europa- und dem Deutschen Meister motiviert. Auch Spieler von »BMW-Open« stellten sich während ihrer Freizeit für Spiele mit Schülern des Projekts zur Verfügung.

Seit 1986 besuchen jährlich durchschnittlich 120 Schüler dieses Projekt. Es wurde darauf geachtet, daß vor allem Kinder Zugang zur Sportart Tennis finden sollten, die bisher noch keine Erfahrung mit dieser Sportart machen konnten. Seit Beginn unterrichten hier drei ausgebildete Lehrkräfte. Folgende Resultate wurden bisher erreicht: 1988 und 1989 »Münchner Meister« bei den Knaben III und Vizemeister bei den Mädchen III; Mark Ptaczek war 1988 Sieger bei den Münchner Hallenmeisterschaften, Ernst Bergmaier 1988 und 1989 Teilnehmer bei den Münchner Mannschaftsmeisterschaften; er wurde mit seiner Mannschaft Vizemeister; Maciej Zurek erreichte in beiden Jahren bei den Hallenmeisterschaften in München Rang 7. Ptaczek steht 1989 auf Platz 18 und Zurek auf Platz 32 der Bay. Rangliste AK III.

Teilprojekt Straubing

Dieses Projekt wurde im Mai 1987 eingerichtet. Die Finanzierung war durch die Dresdner Bank und durch einen Eigenbetrag gesichert. Ziel war es, 20 talentierte Kinder so zu fördern, daß sie bereits in den folgenden Jahren bei Vereinsmeisterschaften mitspielen konnten. Dieses Projekt war direkt beim TC-Rot-Weiß Straubing angesiedelt. Hier galt es vor allem auf Vereinsebene Talentförderung zu betreiben.

Abschließende Würdigung

Alle diese gesammelten Teilprojekte sind im Miesbacher Modell integriert. Die Erfahrungen werden halbjährlich ausgetauscht, überall wird nach gleichen Prinzipien unterrichtet. Alle Finanzierungen erfolgten nach dem gleichen Schema, Sponsoren – Eigenbetrag. Allenthalben versucht man, durch verstärkte Öffentlichkeitsarbeit Förderer zu gewinnen. Trotz dieser Gemeinsamkeiten kam es zu durchaus unterschiedlichen Ergebnissen. Nach den bisherigen Erfahrungen lassen sich die folgenden Erkenntnisse zusammenfassen:

Jedes Projekt und sein Erfolg steht in direktem Zusammenhang mit seinen Lehrkräften: Je erfahrener die Lehrer sind, desto besser müssen sie bezahlt werden. Besonders eignen sich dazu Sportlehrer mit der Lehrbefähigung »Tennis«. Der Projektleiter sollte bei (möglichst) vielen Trainingseinheiten anwesend sein, nach Möglichkeit auch instruieren. Nicht in allen Fällen läßt sich differenziert arbeiten. Je größer die Anzahl der Schüler ist, desto schwieriger wird die Koordination und Gruppeneinteilung. Je mehr Schulen an einem Versuch beteiligt sind, desto mehr Organisationsschwierigkeiten sind zu überwinden. Gerade auf dem Land ergeben sich vielfach Transportschwierigkeiten. Bei starker Öffentlichkeitsarbeit ist der Faktor Neid vergleichbarer Interessengruppen nicht zu unterschätzen. Als optimal gilt jene Situation, in der das Projekt direkt in eine Schule eingegliedert ist, da tägliche Kommunikation besteht und sich auch kurzfristige Änderungen herbeiführen lassen. Wenn schuleigene Lehrkräfte mitarbeiten, kann sich auf besonderes Vertrauen der Eltern gestützt werden. Bei Schulschwierigkeiten kann einfühlsam vermittelt werden. Bei der Finanzierung eines solchen Projekts eignet sich besonders gut die Vergabe von Patenschaften, da hier gleichzeitig ein gewisser Solidarisierungseffekt zwischen Modell und Förderer erfolgt. Vierteljährliche Treffen mit dem Förderer sind unbedingt zu empfehlen. Sponsoren lassen sich im Regelfall, d. h. am ehesten in unmittelbarer Nähe eines Projekts oder einer Schule finden. Gemeinsame Interessen sind zu pflegen und zu fördern. Bei kleineren Beträgen sind oft bis zu 20 Prozent der Fördermittel für diese Pflege erforderlich. Es empfiehlt sich, nicht nur auf kommunaler Ebene mit Presseorganen zusammenzuarbeiten. Eine überregionale Zusammenarbeit erhöht die Zuschüsse merklich. Nicht zu unterschätzen ist oder wäre natürlich der Einfluß des Fernsehens. Hier können Förderer und Sponsoren auch beiläufig erwähnt werden. Es sollte versucht werden, möglichst oft an Veranstaltungen teilzunehmen, um den allgemeinen Bekanntheitsgrad zu erhöhen. Es darf auch nicht vergessen werden, daß evtl. Gruppen, die mit dem Sport keine direkte Verbindung haben, ein Projekt fördern. Man kann es auch durchaus wagen, Firmen um Fördermittel anzusprechen, die bereits andere sportliche Aktivitäten unterstützen. Vielfach ergeben sich aus dem persönlichen Freundeskreis nutzbare Kontakte. Auch Politiker können zu den Förderern zählen. Mit den Kommunalbehörden ist besonders enger

Kontakt zu pflegen. Allen demokratischen Parteien sollte man zumindest anbieten, über das Projekt berichten zu dürfen. Zu allen Veranstaltungen empfiehlt es sich die örtlichen Honoratioren einzuladen. Sehr bewährt haben sich gemeinsame »Arbeitsessen« mit möglichst allen Förderern. Förderkreise sind zwar sehr hilfreich, verwaltungstechnisch allerdings äußerst kompliziert. Vielfach ist eine Materialunterstützung nützlicher als eine nur finanzielle. Ratsam ist ferner, nach Kontakten der Eltern zu fragen und sie um Mithilfe zu bitten. Nicht immer erweist sich gestreute Förderung als uneingeschränkt positiv. Manche gezielte Förderung führte zu bedeutend rascheren Erfolgen. Dies können wir an Einzelbeispielen belegen, bei denen individuelle Hilfen geleistet wurden.

So glauben wir, in Zukunft zwar mit weniger Schülern, aber einem gezielteren Einsatz, größere Breiten-Erfolge erreichen zu können, was sich am Beispiel der Wilhelm-Röntgen-Realschule in München modellhaft bestätigt hat.

2.5 Sportinternate

Talentförderung im Sportinternat

von ANJA SEGSCHNEIDER*

Erfolge im Sport auf internationaler Ebene können nur noch mit hohem Aufwand an Training sowie umfassender Rahmenbetreuung erzielt werden. Neben dem allgemeinen und sportspezifischen Training sind sportmedizinische, physiotherapeutische, psychologische und pädagogische Betreuung unerläßlich; ein hoher zeitlicher Aufwand ist für die optimale Leistungsentwicklung zu erbringen.
Kollisionen und Konflikte mit der Ausbildung an der Schule oder im Betrieb, die ebenfalls immer mehr Zeit in Anspruch nehmen, sind häufig die Folgen und führen nicht selten zu persönlichen Konflikten, Leistungsstagnation in beiden Bereichen und ziehen schlimmstenfalls den »Drop Out«, den allzufrühen Abbruch der sportlichen Laufbahn, nach sich.
Es gilt heute, Talente nicht nur zu entdecken, sondern sie zu fördern und zu bewahren und das nicht nur, weil die Ressourcen aufgrund rückläufiger Geburtenzahlen schrumpfen. Nicht nur das Interesse an sportlichen Erfolgen, sondern auch die Verantwortung gegenüber den Kindern muß im Vordergrund der Planungen stehen.
Sportinternate sind – darüber herrschte bei den Teilnehmern des vom DSB-BA-L und dem Jugenddorf Christophorusschule veranstalteten Symposiums Einigkeit – bereits seit Jahren ein wesentlicher Pfeiler der Talentförderung und -bewahrung im Sinne der Maxime »Fördern durch Fordern«.
Der Sport als wesentlicher Teil der Persönlichkeitsentwicklung wird hier der schulischen Ausbildung gleichrangig gefördert; darüberhinaus werden den jugendlichen Sportlern umfassende Serviceleistungen angeboten, die den täglichen Trainingsprozeß optimieren sollen.
Ein wesentlicher Teil des Konzeptes besteht darin, den Sportlern gezielt Perspektiven für die Zeit nach der Beendigung der sportlichen Laufbahn zu eröffnen.

---

* Bericht vom Symposium des DSB-BA-L in Berchtesgaden vom 04.–06. 07. 90.

Organisationsstrukturen

Der Begriff »Sportinternat« steht für eine enorme Vielzahl staatlich oder privat getragener Einrichtungen, die schulische, berufliche oder akademische Ausbildung mit leistungssportlicher Förderung verbinden. Die Bandbreite der inneren und äußeren Organisationsstrukturen ist dementsprechend groß; vom Vollzeitinternat speziell für eine Sportart bis hin zu Sportklassen an staatlichen Schulen oder Trainingszentren, die Fahrdienst und pädagogische Betreuung bieten, firmieren zahlreiche Einrichtungen unter diesem Begriff.

Die Anforderungen, die das Trainings- und Wettkampfjahr in den verschiedenen Sportarten an derartige Förderungseinrichtungen stellt, verlangen einen hohen Grad der Flexibilität seitens aller Beteiligten. Daher lassen sich äußere Organisationsstrukturen kaum generalisieren; Gemeinsamkeiten lassen sich hinsichtlich der inneren Struktur feststellen; beispielhaft sei das Organigramm des Basketball-Teilzeit-Internates in Langen dargestellt (vgl. Abb. 1, S. 90).

Die äußere Organisation, worunter die Planung des Tagesablaufes und die Koordination der Bereiche Schule und Sport zu verstehen ist, läßt sich erfahrungsgemäß nur mit großem Engagement und günstigenfalls in Kooperation mit anderen Institutionen der Sportförderung wie Bundes-/ Landesleistungszentren sowie zunehmend der Olympiastützpunkte bewältigen. Eine enge räumliche und fachliche Bindung an diese Zentren dient der Qualität der Betreuung und erleichtert den Tagesablauf durch kurze Anfahrtswege.

Die Auswahlkriterien der Schulen sind im wesentlichen überall dieselben: mindestens D-Kader-Zugehörigkeit mit guten Perspektiven, medizinisch bescheinigte Sporttauglichkeit sowie mindestens befriedigende Leistungen in der Schule. Schulprobleme verhindern in der Regel eine angemessene sportliche Entwicklung.

Trägerschaften / Finanzierung

Die Finanzierung der Internatsprojekte ist ebensowenig einheitlich wie deren Strukturen; sie erfolgt meistens durch verschiedene Stellen; dies können sein:

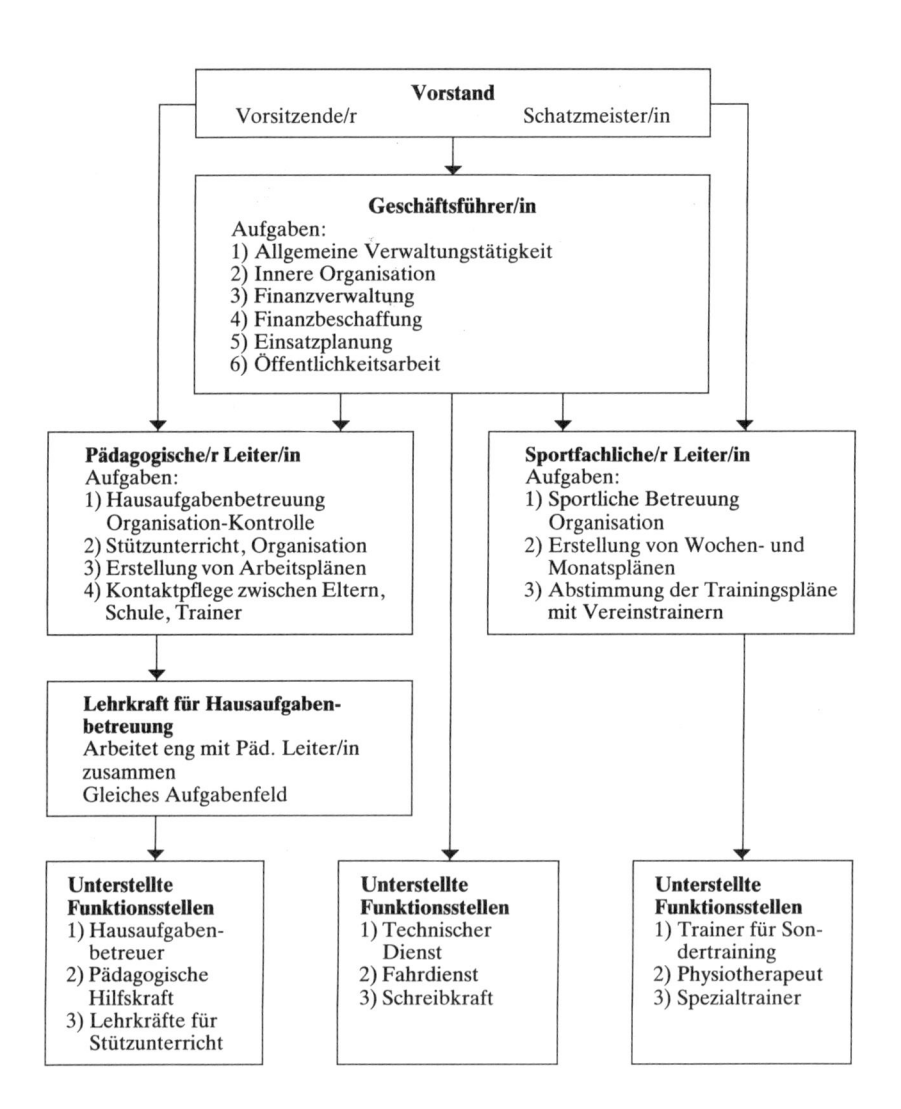

Abb. 1: Organisationsstruktur Basketball-Teilzeit-Internat (Dokumentation 1989, 6).

```
                        Vorstand
        Vorsitzende/r           Schatzmeister/in
                            │
                            ▼
              Geschäftsführer/in
        Aufgaben:
        1) Allgemeine Verwaltungstätigkeit
        2) Innere Organisation
        3) Finanzverwaltung
        4) Finanzbeschaffung
        5) Einsatzplanung
        6) Öffentlichkeitsarbeit
```

Pädagogische/r Leiter/in	Sportfachliche/r Leiter/in
Aufgaben:	Aufgaben:
1) Hausaufgabenbetreuung Organisation-Kontrolle	1) Sportliche Betreuung Organisation
2) Stützunterricht, Organisation	2) Erstellung von Wochen- und Monatsplänen
3) Erstellung von Arbeitsplänen	3) Abstimmung der Trainingspläne mit Vereinstrainern
4) Kontaktpflege zwischen Eltern, Schule, Trainer	

Lehrkraft für Hausaufgabenbetreuung
Arbeitet eng mit Päd. Leiter/in zusammen
Gleiches Aufgabenfeld

Unterstellte Funktionsstellen	Unterstellte Funktionsstellen	Unterstellte Funktionsstellen
1) Hausaufgabenbetreuer	1) Technischer Dienst	1) Trainer für Sondertraining
2) Pädagogische Hilfskraft	2) Fahrdienst	2) Physiotherapeut
3) Lehrkräfte für Stützunterricht	3) Schreibkraft	3) Spezialtrainer

als öffentliche Träger
- Kommunen
- Kultusministerien
- Das Bundesinstitut für Sportwissenschaften (Forschungsmittel)
- DSB-BA-L (Projektmittel)
- Arbeitsämter (AB-Maßnahmen),

als private Träger
- Sponsoren
- Fördervereine.

Finanzielle Eigenbeteiligung der Sportler ist vor allem in Vollzeit-Internaten notwendig.
Die Finanzierung nach dem Muster des »Konzepts eines Leistungssport-Systems« des DSB-BA-L (vgl. Abb. 2, S. 92) ist auch für Internatseinrichtungen gültig.

Exemplarische Darstellung einzelner Einrichtungen

Der Ski-Internatszweig an der Jugendorf Christophorus-Schule als Vollinternat bietet Skisportlern aller Disziplinen (alpin, nordisch, Kombination) eine auf die Erfordernisse ihrer Sportart abgestimmte Schulausbildung an; während der Wintersaison sind die Sportler »auf Tournee«, der hier versäumte Unterricht wird nach der Saison in kleinen Gruppen, bei Bedarf auch in Einzelunterricht, nachgeholt. Unterbricht ein Athlet die Wettkampftournee, wird er direkt wieder in den normalen Schulbetrieb integriert. Die Oster- und Pfingstferien sowie Teile der Sommerferien werden mit Unterricht ausgefüllt. Für die Schüler ergibt sich eine Belastung von wöchentlichen ca. 60–70 Stunden (Schule, Training, flankierende Maßnahmen.
Die Angebotsschule in Hannover bietet den Sportlern die Möglichkeit, tägliches Training mit dem Schulalltag zu verbinden; versäumter Unterricht kann auch hier über Sonderdeputate nachgeholt werden. Es wird darauf geachtet, daß der Unterricht in den Kernfächern nicht in der Zeit der ersten Trainingseinheit (zwischen 8 und 9 Uhr) liegt. Eine enge räumliche und fachliche Bindung an andere sportliche Einrichtungen

Abb. 2: Konzept eines Leistungssport-Systems (FRIEDRICH / HOLZ 1989, 9).

Finanzierung	Wettkampfsystem	Sportlerentwicklung	Training	Altersstufen Verweildauer
Bundesministerium des Innern				
Stiftung Deutsche Sporthilfe Spitzenverbände	Nationale und Internationale Wettkampfprogramme	A/B-Kader	Olympiastützpunkte	2 Jahre
		C-Kader		
Bund/Land	Den Erwachsenen angenäherte Programme	D/C-Kader	Landes- bzw. Olympiastützpunkte	2 Jahre
Land	Spezielle Wettkampfprogramme der Verbände für diesen Nachwuchs! Eventuell »Jugend trainiert für Olympia« mit inhaltlich modifiziertem Programm	D4-Kader	Talentgruppen der Landesausschüsse für Leistungssport, jahrgangshomogen! Neu zu gestalten!	1 Jahr
		D3-Kader		1 Jahr
		D2-Kader		1 Jahr
		D1-Kader		1 Jahr
		Maßnahmen zur Talentauswahl		Sportartspezifisch
Eltern/Schule Verein		Talente	Schule/Verein	

(Landesleistungszentrum, Olympiastützpunkt) gewährleistet kurze Wege zum Training und begleitenden Maßnahmen. Die Termine der Klassenarbeiten werden nach Möglichkeit mit dem Wettkampfkalender abgestimmt. Der Erfolg der Angebotsschule hängt wesentlich von der Zusammenarbeit mit den Fachverbänden ab.

Sportklassen, die von »Lehrer-Trainern« betreut werden, bietet das Heinrich-Heine-Gymnasium in Kaiserslautern an (vgl. das folgende Kap. S. 95 ff.). In fünf Sportarten werden die Schüler in Schule und Training von der gleichen Bezugsperson betreut; die Leitung dieses Sportzweiges verfolgt damit die Intention, die Reibungsverluste zwischen den Bereichen Schule und Sport zu minimieren und eine optimale Betreuungssituation zu schaffen. Schule und Training werden im Tagesverlauf aufeinander abgestimmt.

In Zusammenarbeit mit der Firma Hoechst bietet das Volleyball-Internat Hoechst sowohl eine Vollinternats- als auch eine Teilinternatsbetreuung an. Die Sportler besuchen die Schule und haben anschließend die Möglichkeit, eine berufliche Ausbildung zu beginnen. Bei Aufnahme in das Internat wird ein Vertrag zwischen dem Internat und den Sportlern geschlossen, in dem sich die Sportler verpflichten, ihre Ausbildung abzuschließen und während dieser Zeit dem Internatskader anzugehören. Brechen die Sportler während der Ausbildungszeit die sportliche Laufbahn ab, so können sie die berufliche Ausbildung dennoch vollenden.

Im Rahmen eines Vollinternatsbetriebes bietet das INSEP in Frankreich 14–30jährigen Sportlern Betreuung während der Schulzeit und anschließender akademischer Ausbildung. Auch hier wird der Tagesablauf vollständig auf die Erfordernisse des Leistungssports und eine möglichst optimale Ausbildung abgestimmt. Auch in dieser Einrichtung werden die Sportler mit hohem personellen Aufwand betreut; im generell zentralistisch aufgebauten Frankreich, in dem Bindungen an Vereine nicht in dem Maße vorhanden sind, wie in Deutschland, kann eine solche Organisationsform sehr erfolgreich arbeiten. Die Sportler werden von ihren nationalen Fachverbänden für die Aufnahme im INSEP vorgeschlagen; auch hier können die Sportler in jedem Falle ihre Ausbildung beenden, auch wenn sie vorzeitig aus dem Leistungssport ausscheiden. Jeder Internatsschüler hat eine monatliche Gebühr zu entrichten, die Leistungsstärksten erhalten staatliche Unterstützung.

Gedanken zur Förderung von Tennispielern im Sportinternat

Bisher steht in der Bundesrepublik nur ein Vollzeitinternat für Tennisspieler (Heinrich-Heine-Gymnasium) zur Verfügung (vgl. das folgende Kap. S. 95 ff.); in einigen wenigen Zentren werden einzelne Spieler mitbetreut. Am Olympiastützpunkt (OSP) Saarland trainieren einige Jugendliche im Rahmen einer Kooperation von Schule − Verband − OSP. Diese Kooperation erstreckt sich auf alle Bereiche, Training und Rahmenbetreuung − Berichten zufolge wird das Projekt sehr gut angenommen.

Eine konzentrierte Förderung mit umfassendem Service erleichtert vor allem in Flächenländern die Bildung leistungshomogener Gruppen; hervorragende Talente aus kleinen Vereinen können effizienter gefördert werden. Das gleiche gilt für die Rahmenbetreuung. Das Zusammenleben und die in der Gruppe verbrachte Zeit tragen zu einer positiven Gesamtentwicklung der Persönlichkeit bei. Pädagogische Probleme, die durch die sportimmanenten Strukuren des Tennissports (Individualsport, psychischer Druck im Wettkampf, Struktur des Turniersports) entstehen, können mit intensiver kompetenter Betreuung bewältigt werden.

Die auch im Tennis übliche Leistungsnorm (A-Kader und Weltranglistenplatz) bedingt jedoch das Hauptproblem, das mit der möglichen Einrichtung von Internaten im Tennissport verbunden ist: Um diese Norm zu erfüllen, muß der Tennisspieler Profi werden und die entsprechenden Circuits spielen; die Wettkampfsaison erstreckt sich dann über 10 Monate des Jahres. Eine parallel laufende Ausbildung ist dann kaum mehr möglich. Schwierig ist im Blick auf den Eintritt ins Profitennis nicht nur die Wahl des günstigsten Zeitpunktes hinsichtlich des Alters, sondern auch die Kalkulation des Risikos und der Planung beruflicher Alternativen; gerade hier scheinen umfangreiche Beratungen im Sinne einer Laufbahnberatung sinnvoll zu sein.

Tennisinternate

von Hans-Jürgen Mergner

Vorbemerkung

Nach dem offenen Ansatz der Talentbestimmung von GABLER (1984, 10) wird die Entwicklung eines Talents nicht nur durch personinterne, sondern auch durch personexterne Bedingungen, also durch günstige Umweltbedingungen beeinflußt, mit deren Hilfe das Talent spätere Höchstleistungen erbringen kann. Dabei ist zu beachten, daß ein Talent in seiner Gesamtpersönlichkeit zu sehen ist; parallel zu den sportlichen Leistungen sind auch schulische Leistungen zu erbringen. Das vereinzelte Einrichten von Sportinternaten ist auf dem Hintergrund der Aussagen von Sportwissenschaftlern zu sehen, wonach zum Erreichen einer hohen sportlichen Leistung ein »langfristiger Trainingsaufbau« mit kontinuierlich wachsenden Trainingsumfängen und -intensitäten nötig ist, der im allgemeinen mit der schulischen Entwicklung zu koordinieren ist. Sportinternate stellen jedoch nur *eine* Möglichkeit der systematischen Verbindung zwischen schulischer und sportlicher Leistungsförderung dar. Wichtig ist, daß die schulische Entwicklung grundsätzlich ernst genommen wird. Die Untersuchung von HOLZ (1988), der die Probleme des Ausstiegs von Jugendlichen aus dem Leistungssport in Form einer Längsschnittuntersuchung von D-Kader-Athleten im Zeitraum von 1978–1985 analysierte, führte ihn zu folgender Aussage: »Die kontinuierliche und systematische Leistungsentwicklung eines Talents auf Landesebene bis hin zum nationalen und internationalen Leistungsniveau ist nur über eine optimale Schulorganisation im weiten und über eine optimale Trainingsorganisation im engeren Sinne möglich« (HOLZ 1988, 10). Belegt wird diese Aussage unter anderem durch die Befragung einer großen Anzahl von Athleten. 52,4 % der ausgeschiedenen Athleten gaben als Gründe für den Ausstieg an: »Schule/Studium gingen für mich vor« (HOLZ 1988, 6).

Zur Entwicklung von Sportinternaten

1968 wurde aufgrund des schlechten Abschneidens der Sportler der Bundesrepublik Deutschland bei den Olympischen Spielen 1964 und 1968 und im Hinblick auf die bevorstehenden Spiele 1972 in München das erste bundesdeutsche Sportinternat in Malente eröffnet. »Aus Unkenntnis über das Fördersystem in der DDR glaubte man, in den dortigen Kinder- und Jugendsportschulen die Gründe gefunden zu haben, die für die zunehmende Leistungsfähigkeit des DDR-Sports verantwortlich wären. In der Bundesrepublik setzte in Verbindung mit der Diskussion um den Talentbegriff daraufhin eine wahre Flut von Veröffentlichungen zum Thema ›Sportgymnasium‹ ein, die später unter dem Label ›Sportinternat‹ verallgemeinert und weitergeführt wurde« (BETTE 1982, 54–55). Auch die weitere Einrichtung von Internaten in den Jahren 1978 bis 1983 konnte allerdings ihre prinzipiell eher randständige Position im Fördersystem des Sports in der Bundesrepublik nicht verbessern. Es blieb bei der offenen Frage, ob Sportinternate eher vereinzelte Sondereinrichtungen oder flächendeckende Regeleinrichtungen werden sollten. »... Nichtsdestotrotz stellen Sportinternate eine diskutable und unter bestimmten Organisationsbedingungen tüchtige, allerdings in jedem Fall aufwendige Kompensation unzulänglicher Vereins- und Förderstrukturen dar« (BETTE/NEIDHARDT 1981, 41).

Bei Internaten wird in Teilinternate und Vollinternate unterschieden. Je nach Nähe oder Distanz zum Schulsystem bzw. Nähe oder Distanz zur Familie, lassen sie einen internen oder externen Schulanschluß zu.

Abb. 1: Raster zur Differenzierung unterschiedlicher Formen von Sportinternaten (nach BETTE/NEIDHARDT 1981; BETTE 1982).

Nähe/Distanz zur Familie Nähe/Distanz zum Schulsystem	VOLLINTERNAT	TEILINTERNAT
Schulanschluß intern	Vollinternat mit internem Schulanschluß	Teilinternat mit internem Schulanschluß
Schulanschluß extern	Vollinternat mit externem Schulanschluß	Teilinternat mit externem Schulanschluß

Zum »Tennis-Internat« des Heinrich-Heine-Gymnasiums in Kaiserslautern

Das Heinrich-Heine-Gymnasium in Kaiserslautern ist bislang das einzige Internat in der Bundesrepublik Deutschland, das als Teil- oder Vollinternat genutzt werden kann und in dem Tennis neben anderen Sportarten in Sportklassen unterrichtet wird. Dabei wird versucht, die Mängel, die die ersten Sportinternate in der Bundesrepublik hatten, zu beheben. Kriterien für die Einrichtung des Internats waren: optimale Sportstätten; qualifizierte Trainer; Förderung in mehreren Sportarten; Verbindung zu einem leistungsstarken Verein; enge Verbindung von Lernen, Wohnen und Trainieren; Betreuung auch außerhalb von Schule und Training; Koordination der Finanzierung (vgl. BUESS/KLAGES 1977). Dies waren die Grundgedanken, die heute das Heinrich-Heine-Gymnasium als Sportinternat auszeichnen. Das Grundkonzept der Talentförderung durch Sportklassen wird ausführlich von KNOPP (1985) beschrieben. Die wichtigsten Grundgedanken werden im folgenden genauer dargestellt.

Beginn und Entwicklung des Modells »Talentförderung durch Sportklassen«

1977 wurde von Gabler (DSB) und Langen (Kultusministerium Rheinland-Pfalz) ein Konzept der Kommission »Talentförderung durch Sportklassen« vorgelegt. Dieses, dem Heinrich-Heine-Gymnasium heute noch zugrunde liegende Konzept stützt sich auf vier Hauptpunkte:

1. Der schulische Bereich (Einrichtung von Sportklassen): Parallel zu Normalklassen (A-Klasse) soll eine Sportklasse (S-Klasse) eingerichtet werden, die als Parallelklasse läuft. Dabei werden gleiche schulische Anforderungen gestellt, damit ein Wechsel von der S- in die A-Klasse möglich ist. Die Schülerzahl pro Klasse soll 25 Personen nicht überschreiten. Die Schüler sollen aus verschiedenen Sportarten und Bundesländern kommen können. Hausaufgabenbetreuung und Förderunterricht werden zusätzlich eingerichtet.
Die Aufnahme in die S-Klasse ist an mindestens befriedigenden Schul-

noten und an eine wahrscheinlich zu erwartende C-Kader Leistung geknüpft. Diese Auslese findet aus pädagogisch-psychologischen Gründen erst ab der 7. Klasse (12. Lebensjahr) statt (vgl. KNOPP 1985). Ein Quereinstieg für ältere Schüler, auch von anderen Schularten, ist später noch möglich.

2. *Der sportliche Bereich (Das Konzept des Lehrertrainers und Erziehertrainers):* Um kurze Wege zwischen Wohnen – Schule – Training zu gewährleisten, müssen die für das Hochleistungstraining erforderlichen Übungsstätten in ausreichendem Maße und in räumlicher Nähe zur Verfügung stehen. Trainer und Sportlehrer »müssen den auf den Hochleistungssport ausgerichteten Aufgaben entsprechend qualifiziert sein« (KNOPP 1985, 27). Die »Lehrertrainer« haben neben ihrem Hochschulstudium auch eine Trainerlizenz, die »Erziehertrainer« neben ihrer pädagogischen Ausbildung ebenfalls eine Trainerausbildung. Dabei sollten die Trainer mindestens zwei Bereiche des Komplexes Schule – Wohnen – Trainieren abdecken können. Insgesamt ist auch die Zusammenarbeit zwischen Verein / Verband einerseits und der Schule andererseits eine wichtige Voraussetzung für die Umsetzung des Konzepts. Ein leistungsstarker Verein kann die Zusammenarbeit erleichtern, wobei den Schülern freigestellt bleibt, ob sie nach wie vor für »ihren« Verband / Verein starten wollen.

3. *Der organisatorische Bereich:* Die Schüler sollen in den der Schule angegliederten Teilzeit- oder Vollzeitinternaten wohnen können. »Die Leitung des Internats muß in pädagogisch-psychologischer Hinsicht auf die besonderen Bedingungen des Hochleistungssports / Hochleistungstrainings ausgerichtet sein« (KNOPP 1985, 27). Weiterhin müssen begleitende Maßnahmen wie sportmedizinische, pädagogisch-psychologische Betreuung sowie eine sportwissenschaftliche Begleitung des Projekts gewährleistet sein. Diese aufgestellten Forderungen sollen im folgenden kritisch überprüft werden.

**Bewertung des Modells »Talentförderung durch Sportklassen«
am Heinrich-Heine-Gymnasium in Kaiserslautern.**

Das Heinrich-Heine-Gymnasium besuchen zur Zeit ungefähr 450 Schüler, 147 wählten den Sportzweig. Innerhalb der Sportzweige werden die Sportarten Badminton, Judo, Radfahren, Tennis und Tischtennis mit dem Ziel der Hochleistungsförderung angeboten. Im Bereich Tennis trainieren sechs Mädchen und 20 Jungen. Ein Junge ist Davis-Cup-Spieler von Luxemburg und ein Mädchen – sie erreichte das Viertelfinale bei den Deutschen Meisterschaften 1989 in Leimen – befindet sich im B/C-Kader des Deutschen Tennis Bundes. Sechs weitere Jugendliche sind im D-Kader verschiedener Landesverbände integriert.

Zur Talentauswahl: Die Auswahl der Tennistalente und die gleichzeitige Aufnahme in das Sportinternat geschieht über ein einwöchiges Trainingslager bzw. Wohnen im Internat; gleichzeitig sollen die Kinder die Gegebenheiten in Kaiserslautern kennenlernen.
Talentprognosen seitens der Lehrertrainer und Erzieher sind dabei als sehr problematisch zu bezeichnen, da solche Prognosen aufgrund der Tests und erster Eindrücke nach einer Woche und in diesem Alter (7. Klasse = 12. Lebensjahr) nur begrenzt möglich sind. »Die Trainer müssen sich daher, auch wegen der begrenzten Aufnahmekapazität, oft darauf beschränken, Schüler aufzunehmen, die bereits Erfolge aufweisen und von ihren Verbänden empfohlen werden« (HELL 1985, 159).
Nur wenige Verbände haben sich außerdem bislang bereit gefunden, Jugendliche aus ihren Reihen an das Heinrich-Heine-Gymnasium zu entsenden, da sie aufgrund des herrschenden Konkurrenzdrucks zwischen den Verbänden den Verlust »ihres« Talentes befürchten.

Zum Tennisbereich: Die Gruppengröße in Relation zur Trainerzahl scheint immer noch das größte Problem darzustellen. Wie bereits von HELL (1985) angesprochen, ist dieses Problem auch 1989 noch vorhanden. Die individuelle Betreuung auf dem Tennisplatz kommt zu kurz. Allerdings wurde eine bessere Betreuung der Gruppe durch die Einstellung eines weiteren Lehrertrainers erreicht. Die Gruppen können nun auf dem Platz etwas intensiver betreut werden.
Die räumliche Situation des Trainings kann mittlerweile als gut bis sehr

gut bezeichnet werden. In Kooperation mit dem TC-Rot-Weiß Kaiserslautern können bis zu sechs Sandplätze und fünf Hallenplätze benutzt werden. »Ideal wäre natürlich eine eigene Halle mit zwei Plätzen und zwei bis drei Freiplätze« (HELL 1985, 157), die auch eine finanzielle Entlastung – auf lange Sicht – bedeuten würde. Die Genehmigung für zwei schuleigene Sandplätze erging allerdings im August 1989.
Das Tennistraining der Klassen sieben bis neun – morgens von 7.45–9.15 Uhr – scheint im Blick auf diese frühe Zeit nicht optimal zu sein. Doch in dieser wichtigen Phase der Entwicklung zum Hochleistungsathleten ist andererseits die Gewöhnung an zwei bis drei Trainingseinheiten pro Tag (auch schon morgens ab 7.45) im Sinne der Adaption sinnvoll. Das Mittagstraining wird mit der Nachmittagsschule und dem Training im Verband koordiniert.

Zum Konditionstraining: Das Konditionstraining kann durch entsprechende räumliche Gegebenheiten (drei Sporthallen und zwei Krafträume) sehr gut abgedeckt werden. Die »... nachlässige Haltung mancher Schüler gegenüber dem Konditionstraining ...« (HELL 1985, 159) konnte auch dadurch deutlich verbessert werden, daß teilweise gemeinsam mit den Judokas, Badmintonspielern, Tischtennisspielern und Radfahrern trainiert werden kann. Diese Maßnahme konnte gerade bei den Tennisspielern eine wesentliche Verhaltensänderung hervorrufen.

Zusammenfassende Bewertung

Die individuelle Betreuung der Tennisschüler in Bezug auf Schule und Internat sowie in Bezug auf Training und Wettkampf konnte bis zum heutigen Zeitpunkt laut DOBNER (Interview 1989) durch die personelle Situation noch nicht befriedigend gelöst werden. Der Personalmangel macht sich vor allem bei den zahlreichen Betreuungsanforderungen auf den verschiedenen Turnieren bemerkbar. Gleichzeitig existieren Abstimmungsschwierigkeiten bei der Turnier- und Trainingsplanung zwischen der Schule, den Verbänden und dem DTB: »Eine bessere Zusammenarbeit mit Vereinen, Verbänden und DTB ist daher erforderlich« (HELL 1985, 158).

Innerhalb der Schule werden bei der Verteilung von Klassenarbeiten Turnierserien und -reisen berücksichtigt. Zur Optimierung der Koordination zwischen den Bereichen Schule und Tennis sollten die Trainings- und Turnierpläne des DTB und der Verbände mit der Schule abgestimmt werden. Allerdings scheint man im DTB diese Form der Talentförderung noch nicht genügend geprüft haben, so daß zunächst einmal grundlegende Kontakte herzustellen sind. Dies ist erstaunlich, denn immerhin besuchten über einen mehr oder weniger langen Zeitraum Silke Meier, Patrik Kühnen und auch Eric Jelen diese Schule, die somit zu einem kleinen Teil an deren erfolgreichen Sportlerkarriere beteiligt gewesen ist.

Bemerkenswert ist auch die massive Konzentration von deutschen Juniorenmeistern und aktuellen National-Kader-Athleten in den anderen an der Schule vertretenen Sportarten. 1989 wurden bei den Judokas, Badmintonspielern, Tischtennisspielern und Radfahrern aktuelle deutsche Meister und Juniorenmeister gestellt. Die jeweiligen Fachverbände unterstützen das Projekt ideell und finanziell, was der Schule einen stetigen Zulauf verspricht. Allerdings ist in diesen anderen Sportarten das Netz der Talentförderung in den Verbänden, Kadern und Stützpunkten nicht so engmaschig wie in der Sportart Tennis.

Der DTB sollte sich darüber Gedanken machen, wie eine Talentförderung mit der Zielsetzung einer möglichen Profikarriere realisiert werden kann, ohne daß die Schule allzu früh aufgegeben wird. Hier könnte das Heinrich-Heine-Gymnasium modellhaft sein.

Eine ideale Unterstützung des Heinrich-Heine-Gymnasiums in Form eines offiziellen Stützpunktes des DTB oder regelmäßige Lehrgänge von Bundestrainern in Kaiserslautern oder eine häufige Präsenz eines Bundestrainerassistenten könnten einem eventuellen Mißtrauen der Verbände gegenüber dem Heinrich-Heine-Gymnasium entgegenwirken.

Eine weitere, wenn auch aus finanzieller, organisatorischer und schulpolitischer Sicht nicht einfache Lösung zur Optimierung der Rahmenbedingungen für jugendliche Tennisspielerinnen und -spieler könnte die Kooperation der Landesverbände mit bestehenden Internaten sein, die die Rahmenbedingungen (Wohnen − Schule − Training) erfüllen. Als Beispiel wäre im Blick auf den Württembergischen Tennis Bund die Merz-Schule in Stuttgart zu nennen. Sie gewährleistet die schulische Ausbildung vom Kindergarten über die Grundschule bis zum staatlich anerkannten Gymnasium, auch als Teil- oder Vollinternat. Für den Bereich Tennis, der im Sportleistungskurs bis zum Abitur belegt werden kann, wäre der Anschluß an einen spielstarken Verein mit der STG Geroksruhe auch räumlich gegeben. Ideal – zumindest im Blick auf das Konzept – ist jedoch das Modell des Heinrich-Heine-Gymnasiums: Denn das Heinrich-Heine-Gymnasium stellt die derzeit einzige Schule in der Bundesrepublik dar, in der die drei Bereiche Tennis, Schule und Wohnen voll miteinander vereint werden können. Gerade in der Phase, in der die Entscheidung zwischen Ausbildung und Sportkarriere getroffen werden muß, scheiden viele hoffnungsvolle Talente aus der Talentförderung freiwillig aus (vgl. HOLZ 1988). Das »Drop-out« Problem im Sinne der Talentbewahrung und des späteren Durchbruchs zum Höchstleistungssport kann mit Tennisinternaten (wie auch das Fechtinternat in Tauberbischofsheim überzeugend demonstriert) gelöst werden. Tennisinternate können somit ein wichtiges Bindeglied zwischen Aufbautraining und Hochleistungstraining innerhalb der Talentförderung darstellen.

3 Talentsuche und Talentförderung im Ausland

3.1 Talentförderung in Schweden

von HANS-JÜRGEN MERGNER*

Zur Mitgliederstruktur des schwedischen Tennis

In Schweden (Gesamtbevölkerungszahl ca. acht Mio.) sind etwa 135 000 Tennisspielerinnen und -spieler in der STA (Swedish Tennis Association) registriert. Weitere 300 000 Menschen spielen mehr oder weniger regelmäßig, aber unorganisiert Tennis. Die 55 000 organisierten Jugendlichen setzen sich aus 13 000 Mädchen und 42 000 Junioren zusammen, die in derzeit 1000 Vereinen spielen. 4200 Freiplätzen stehen 1400 Hallenplätze gegenüber (Stand 2/88).

Zur Organisation des Schwedischen Sport- und Tennis-Bundes

Der Schwedische Tennis Bund wurde 1906 gegründet und stellt einen der 57 Sportverbände des Schwedischen Sportbundes dar. Diese Sportverbände sind in 23 Landesverbände gegliedert.
Im Schwedische Tennis Bund sind die 23 Landesverbände in vier Regionen, die als »Superregions« bezeichnet werden, zusammengefaßt.
Vier der 23 Landesverbände sind in der Lage, eine Geschäftsstelle mit je zwei hauptamtlichen Angestellten zu führen. Die anderen Landesverbände werden ehrenamtlich und, Form von regelmäßigen Treffen, geleitet.

---

* Für die umfangreichen Informationen sei Jörgen Nilsson (ATP 600, 20 Jahre, Esslingen) und Björn Wahlström (Trainer, 3. Stufe, Stuttgart) herzlich gedankt. Als weitere Informationsgrundlage diente: SWEDISH TENNIS ASSOCIATION (Hrsg.): Junior Tennis in Sweden 1988 (vgl. auch den Beitrag von Leif DAHLGREEN: Talentbestimmung in Schweden. In: GABLER/ZEIN 1984).

Zur Trainerausbildung in Schweden

Für eine effiziente Jugendarbeit, Talentsuche, -förderung und -bewahrung ist eine qualifizierte Trainerausbildung notwendig.
Die Trainerausbildung in Schweden umfaßt drei Stufen. Die Stufen 1 und 2, die jährlich in allen Regionen angeboten und absolviert werden können, haben in den letzten 10 Jahren etwa 15 000 Personen (Stufe 1) bzw. 8000 Personen (Stufe 2) absolviert.
Es findet keine spieltechnische Vorauswahl statt. Auf Prüfungen am Ende des Lehrgangs wird verzichtet. Die Absolventen dürfen sich als Amateurtrainer bezeichnen, und ihr Engagement im Verein soll nebenberuflicher oder ehrenamtlicher Art sein.
Der Umfang der Ausbildung auf der Stufe 1 beträgt ca. 14,5 Stunden und auf der Stufe 2 ebenfalls 14,5 Stunden (Vgl. C-Trainer- und F-Übungsleiterausbildung des DTB mit je 120 Stunden).
Die Ausbildung auf der Stufe 3 umfaßt 44,5 Stunden (vgl. B-Trainerausbildung des DTB mit bisher 60 und zukünftig 90 Stunden).
Die Auswahl zur dritten Stufe erfolgt durch die STA. Etwa 30 Trainer haben bislang diese Ausbildung erfolgreich abgeschlossen.
Auffallend ist, daß keine schriftlichen oder mündlichen Prüfungen sowie Lehrproben abgenommen werden. » There is no written or oral examination at any level« (STA 1988).
Die höchste Stufe der Trainerausbildung in Schweden findet in Zusammenarbeit mit der schwedischen Sporthochschule statt.
Im Fünfjahresrhythmus werden je fünf Trainer, die die Stufe 3 absolviert haben, für eine zweijährige Ausbildung an der schwedischen Sporthochschule nominiert.
Nach einer Prüfung, die aus einem theoretischen und einem praktischen Teil besteht und vom Schwedischen Tennis Bund abgenommen wird, dürfen sich die Absolventen Sport- und Tennislehrer nennen. Damit können sie in den großen Vereinen, in den Jugendförderprogrammen oder in der Trainerausbildung tätig werden.
Von den ungefähr 1000 Vereinen sind lediglich 20 Vereine in der Lage, einen Tennistrainer hauptamtlich zu beschäftigen. Diese konzentrieren sich vornehmlich auf die Jugendarbeit.

Zum Training der Jugendlichen

Von den ca. 1000 Tennisvereinen ist der Upsala Tennis Club mit 3940 Mitgliedern der größte; die kleinsten Vereine haben nur 10 bis 15 Mitglieder. In Upsala spielen 1600 Jugendliche (also etwa 40 %), in Örebrö sind es 42 % Jugendliche (414 Jugendliche : 569 Erwachsene). Im Durchschnitt haben die Tennisclubs in Schweden etwa 250 Mitglieder.
In 450 der ca. 1000 Vereine spielen mehr als 30 Jugendliche Tennis. Die Ausbildung übernehmen dort häufig nebenberufliche Tennistrainer mit einer abgeschlossenen Ausbildung der Stufe 1 oder 2.
1983 wurde jede 40 Minuteneinheit in der ein Trainer mit fünf Jugendlichen arbeitete, von Verband und Gemeinde mit rund 5 DM bezuschußt. Überprüft wurde diese Trainingsarbeit durch stichprobenartige Kontrolle von Sportsachverständigen.

Zur Talentsuche und -förderung

Auf Vereinsniveau: Mit dem Tennisspielen als Minitennis wird im Alter von sechs bis acht Jahren begonnen. Das Minitennis ist mit dem Kleinfeldtennis vergleichbar. Ein Kleinfeld, Soft- oder Leichtspringbälle sowie Kinderschläger bilden die Rahmenbedingungen.
In diesem Alter beginnt die Differenzierung, entsprechend dem Leistungsstand, in verschiedene Trainingsgruppen. Der »Fördergruppe« stehen dann bessere Trainings- und Wettkampfmöglichkeiten zur Verfügung. Zum Teil wechseln die Kinder auch zu einem anderen Verein mit einem hauptamtlichen Trainer und besserer Jugendarbeit.

Auf Landesebene: In jedem der 23 Landesverbände gibt es auch einen Jugendausschuß, der für die Talentförderung im Verband zuständig ist. Der Verbandsjugendwart leitet die Aktivitäten der Jugend in seinem Verband und stellt das Bindeglied zwischen dem Schwedischen Tennis Bund und den Vereinen dar. In Zusammenarbeit mit den besten Trainern des jeweiligen Verbandes organisiert er zwei bis vier Wochenendtrainingslager für die besten 13- und 14jährigen. Dort sollen die Jugendlichen vornehmlich technisch und taktisch geschult werden. Konditionelle, ernährungsphysiologische und psychologische Förderung stehen ebenfalls auf dem Programm.

Auf überregionaler Ebene: »Tennis-Schweden« ist in vier Regionen aufgeteilt. In jeder dieser Regionen finden, wie auch in den Landesverbänden, zwei bis vier Wochenendtrainingslager für die besten 13- und 14jährigen Jugendlichen der Region statt. Höchstens zehn bis zwölf Jugendliche werden in jedem Jahrgang nominiert. Zwar sind die Inhalte mit denen der Landesverbände identisch, aber das Niveau liegt höher.

Bastad und Stockholm, wo die beiden Grand-Prix-Turniere in Schweden stattfinden, bilden zwei Leistungszentren für Schweden. Die 56 besten Jugendlichen der Ak III (13−14 Jahre) aus Schweden werden jährlich in vier gemischten Gruppen über sechs Tage im Bundesleistungszentrum in Bastad trainiert; hierbei handelt es sich um das Davis-Cup-Camp. Es dient den nationalen Jugendcoaches zur Sichtung.

Auf nationaler und internationaler Ebene: Für die besten Jugendlichen der STA sind in den Altersklassen I (17−18 Jahre), II (15−16 Jahre) und III (13−14 Jahre) je zwei Jugendwarte zuständig. Sie organisieren ca. vier Wochentrainingslager und begleiten die Jugendlichen auf internationalen Turnieren. Von diesen besten Jugendlichen zwischen 13/14 und 17/18 Jahren werden jedes Jahr im Mai die besten 25 bis 30 in das Bastad-Spitzentrainingslager eingeladen. Dort sind auch alle Spitzentrainer und Funktionäre anwesend. Die dort ausgewählten Spieler sollen Schweden auf den internationalen Turnieren vertreten.

Das Schwedische Tennis-Gymnasium

1984 konnte in Bastad das Tennis-Gymnasium eingeweiht werden. Dieses Gymnasium dient 20 Jugendlichen als Ganzjahresleistungszentrum. Eine Dreifeldtennishalle steht zur Verfügung, die Schule findet an der Feierabend-Universität von Bastad statt.

3.2 Zur Sozialisation schwedischer Spitzenspieler im Tennis — eine empirische Untersuchung

von ROLF CARLSON*

Fragen, die die Entwicklung der Sportaktivitäten vom Kindes- bis zum Erwachsenenalter betreffen, sind für die Sportwissenschaftler am Sportinstitut in Stockholm schon seit Jahren von Interesse. Mit Ausnahme der Analyse der Entwicklung selbst, wurden die Untersuchungen schwerpunktmäßig auf die Faktoren, die die körperliche Aktivität vom Fitness- bis zum Spitzensport betreffen, bezogen. Dennoch haben sich in Schweden nur wenige Studien im Bereich des Spitzensports mit dem Gebiet der Verhaltensforschung auseinandergesetzt. Das ist vor allem deshalb bemerkenswert, wenn man den Einfluß des Spitzensports auf die Entwicklung der Sportgewohnheiten vor allem im Jugendalter betrachtet. Daher wurde auch die Anfrage der Stockholmer Tennis Vereinigung im Frühjahr 1985 an unsere Forschergruppe als einmalige Möglichkeit betrachtet, das Wissen bezüglich des Spitzensports und seiner Athleten zu erweitern. Gleichzeitig sollte versucht werden, etwas zur Erklärung des außergewöhnlichen Erfolgs der schwedischen Tennisspieler im letzten Jahrzehnt beizutragen.

Die Entwicklung des Tennissports in Schweden hat große Aufmerksamkeit im In- und Ausland erregt. Im Frühjahr 1985 waren von den 15 weltbesten Spielern (ATP Weltrangliste) ein Drittel Schweden. Es ist bemerkenswert, daß so viele Spieler aus einem so kleinen und gering bevölkerten Land gleichzeitig unter den Weltbesten zu finden waren. Fragen aus dem Ausland lauteten (z. B.): »Wie macht Ihr das und welches Geheimnis steckt hinter diesem Erfolg?« Die Tennis-Experten in Schweden

---

* Der vorliegende Artikel stellt eine Übersetzung von CARLSON, R.: The Socialization of Elite Tennis Players in Sweden: An Analysis of the Players Backgrounds and Development. In: Sociology of Sport Journal 5 (1988), 241–256, dar. Für die Übersetzung sei Ute Mergner gedankt. Kontaktadresse des Autors: Rolf Carlson, Sport Educational Research Group, College of Physical Education, Lidingövägen 1, S-11433 Stockholm, Schweden.

konnten darauf keine befriedigende Antwort geben, da noch keine Untersuchungen durchgeführt worden waren.
Björn Borgs erstaunliche Karriere wurde im allgemeinen seinem einzigartigen Talent zugeschrieben. Trotzdem gibt es gute Gründe anzunehmen, daß die individuelle Begabung nicht ausreicht, um die große Anzahl der schwedischen Spitzenspieler in der Weltrangliste zu erklären. Es müssen in der schwedischen Gesellschaft und Tennistradition bestimmte andere Faktoren existieren, die in optimaler Weise mit den Fähigkeiten der Spieler und ihren frühen Lebenserfahrungen zusammenwirken.
Erste Kontakte mit Wettkampfsport finden häufig in sehr jungen Jahren statt. Wir wissen, daß frühe Lebenserfahrungen einen großen Einfluß auf die künftige Entwicklung im Sport haben. Frühere Untersuchungen aus Schweden (ENGSTRÖM & ANDERSSON, 1983) weisen darauf hin, daß sich männliche Jugendliche, im Gegensatz zu Mädchen und Frauen, offensichtlich mehr in Wettkampfsportarten engagieren. Dafür gibt es vielerlei Gründe: Ein Vergleich der Geschlechter hat z. B. gezeigt, daß Männer in den Sportvereinen über Jahre hinweg die Mehrheit bilden.
Als Major Walter Clopton Wingfield 1873 sein Regelsystem für Rasentennis in England einführte, wurde darauf hingewiesen, daß dieses Spiel von beiden Geschlechtern gespielt werden sollte. Das heißt mit anderen Worten, daß der frühe Tennissport auf die Gleichberechtigung zwischen Mann und Frau bedacht war – um die Jahrhundertwende ein einmaliger Vorgang. Traditionsgemäß ist die Sportbewegung in Schweden ohne Zweifel die breiteste und populärste Bewegung. 1903 war sie unter einer zentralen Körperschaft organisiert, dem Schwedischen Sportverband (RF), der als Schirmorganisation für eine zentrale, regionale und lokale Basis fungierte. International betrachtet war das ziemlich einzigartig. Tennis mit seiner starken königlichen Bindung trat 1906 ein und war damit eine der ersten Sportarten. Nachdem heute das meiste Geld aus staatlicher Hand kommt, kontrolliert die RF alle organisierten Sportarten und besteht aus 61 Einzelverbänden für Tennis, Ski, Eishockey etc. Seit den zwanziger Jahren hat Schweden in jedem Jahrzehnt mindestens einen Spieler von internationaler Größe hervorgebracht. Gerade die vierziger Jahre werden hierbei als besonders bedeutsam angesehen: 1946 gewann Schweden in Europa den Davis Cup und zwei Jahre später den ersten Grand Slam Titel. Außerdem hat sich Schweden seit 1980 ohne

Unterbrechung fünfmal für das Finale des Davis Cups qualifiziert. Im gleichen Zeitraum kam auch ein Drittel der 15 weltbesten männlichen Spieler aus Schweden. Hier zeigt sich der größte Unterschied der achtziger Jahre im Vergleich zu früher. Nie zuvor war es so vielen schwedischen Spielern gelungen, sich unter den Weltbesten zu etablieren.

Theoretischer Bezugsrahmen

Sport kann als eine Subkultur der Gesellschaft betrachtet werden und wird als solche fortlaufend erneuert, indem neue Generationen Lebensmuster, Ideologien und Normen lernen. Deshalb ist der Sozialisationsprozeß besonders dort von Bedeutung, wo die Grundlagen gelernt werden und Interaktionen zwischen Individuum und Umwelt bestehen. Sozialisation ist eine Frage der Anpassung an bestimmte Normen und Rollen in bestimmten Situationen. Der Weltklassespieler ist ein Beispiel für solch eine Rolle.

Die Sportsoziologen LOY, KENYON UND MCPHERSON (1981) beschreiben die Elemente des Sozialisationsprozesses. Abb. 1 zeigt, daß bestimmte Bedingungen, vor allem persönliche Eigenschaften zusammen mit signifikanten weiteren Merkmalen der Umgebung, in günstigen Sozialisierungssituationen die erforderlichen Faktoren für eine bestimmte Rolle darstellen. Damit sich ein Individuum zu einem Weltklassespieler entwickeln kann, ist also ein ganz spezifisches Umfeld von wesentlicher Bedeu-

Abb. 1: Die drei Elemente des Sozialisationsprozesses (nach LOY, KENYON, MCPHERSON *1981).*

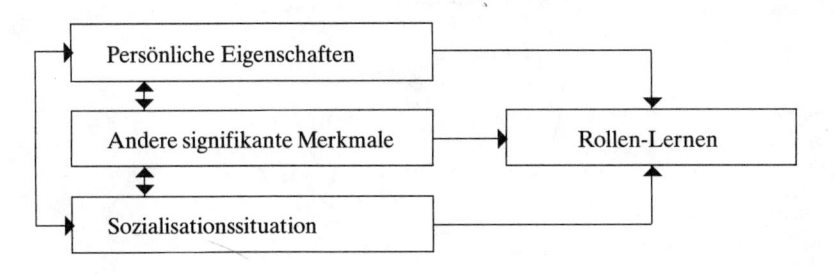

tung. Diese Rolle fordert optimale Wechselbeziehungen zwischen dem Individuum und seiner Umwelt.

Diese Sichtweise der menschlichen Entwicklung ist der zentrale Gedanke in der Entwicklungstheorie von BRONFENBRENNER (1979). Bei der Beschreibung des Entwicklungsprozesses betrachtet er das Individuum als ein sich dynamisch entwickelndes Wesen, das von der unmittelbaren Umgebung beeinflußt wird und diese beeinflußt. Um diesen Prozeß vollständig zu verstehen, muß die Entwicklung in bezug auf verschiedene Kontexte, die in der Umgebung des Individuums existieren, analysiert werden.

Frühere Untersuchungen des Entwicklungsprozesses im Blick auf die frühen Jugendjahre und im Blick auf den Spitzensport hatten in großem Ausmaß die Analyse des Individuums in einem nicht kontextuellen Bezugsrahmen unternommen. Die vorliegende Studie (CARLSON 1987) betont jedoch die Beschreibung des Individuums und der Umwelt in einer interaktiven Perspektive. ENGSTRÖM (1986) teilt diesen Ansatz, indem er wichtige Faktoren für die Entwicklung von Sportgewohnheiten beschreibt. Er betont vor allem die Wechselbeziehungen, durch die das Individuum neue Eindrücke erhält und daraus neues Wissen erzeugt. Der empirische Rahmen dieser Studie stützt sich auf die Theorie von BRONFENBRENNER (1979). Das Ziel bestand darin, das Heranwachsen des Spie-

Abb. 2: *Umweltstruktur der menschlichen Entwicklung (nach BRONFENBRENNER).*

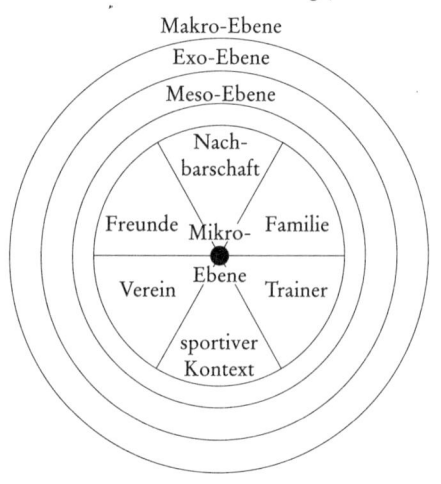

lers und seine sportlichen Erfahrungen im Zusammenspiel mit seiner Umwelt zu analysieren.
Die Makro-Ebene beinhaltet gesellschaftliche Strukturen wie Ökonomie, Politik und Kultur. In der vorliegenden Studie bezieht sich diese Ebene auf die organisierte Sportbewegung in Schweden (RF), mit ihrer langen Tradition in allen Bereichen der Gesellschaft. Die Exo-Ebene beinhaltet wichtige Umweltfaktoren ohne direkten Einfluß auf das Individuum und ohne seine Beteiligung. Der Schwedische Tennisbund ist die Körperschaft, die in diesem Zusammenhang betrachtet werden muß. Die Meso-Ebene spiegelt die örtliche Umgebung wider und verbindet die verschiedenen Teile dieser Umwelt, an der das Individuum aktiv teilnimmt. In dieser Studie bezieht sich die genannte Ebene auf den Sportbereich in der lokalen Umgebung. Die Mikro-Ebene schließlich beinhaltet verschiedene Mikro-Systeme, z. B. Eltern und Freunde in der unmittelbaren Umgebung. Trainer und der örtliche Tennisverein können als weitere wichtige Beispiele aus der Mikro-Ebene genannt werden. Während des Heranwachsens baut das Individuum verschiedene Beziehungen zu diesen Mikro-Systemen auf, die sich mit zunehmendem Alter allmählich weiter ausdehnen.
Die Kommunikation innerhalb jedes einzelnen Mikro-Systems (z. B. Trainer) und denen, die daran beteiligt sind (z. B. Trainer und Spieler) wird über die drei Elemente Aktivitäten, Rollen und Beziehungen ausgetragen. Aktivitäten innerhalb dieser Elemente haben einen starken Einfluß auf den Entwicklungsprozeß. BRONFENBRENNER unterstreicht, daß es einerseits wichtig ist zu beschreiben, was innerhalb dieser verschiedenen Mikro-Systemen geschieht, und andererseits auch, wie diese Aktivitäten weitergeführt werden, d. h. im Rahmen der individuellen Möglichkeiten. Es gibt gute Gründe anzunehmen, daß die Entwicklung über verschiedene Rollen, die an das Individuum gebunden sind, von den Möglichkeiten abhängt, die diese Person besitzt, diese Rolle zu beeinflussen. Persönliches Engagement und Wissen über das Individuum sind also von höchster Bedeutung für einen optimalen Entwicklungsprozeß. Dieser Prozeß umfaßt andauernde Wechselbeziehungen zwischen Individuum und Umwelt.
Wenn man diesen Bezugsrahmen in Betracht zieht, kann die Entwicklung eines Spitzentennisspielers als Sozialisationsprozeß betrachtet wer-

den. Dieser Prozeß beinhaltet das Lernen von Regelsystemen, Normen im Sport, und Einstellungen bezüglich des Sports und — der vielleicht wichtigste Punkt — das Aneignen von verschiedener Rollen, in diesem besonderen Fall das Aneignen der Rolle eines Weltklassetennisspielers.

Ziel und Methode

Das grundlegende Ziel dieses Projektes war die Analyse des Sozialisationsprozesses, im Rahmen der Entwicklung von Spitzentennisspielern und der Versuch, eine Erklärung zu liefern, warum eine große Zahl schwedischer Spitzentennisspieler gleichzeitig internationalen Erfolg erzielen konnten. Eine genaue Beschreibung der Individuen, der Umwelt und der Wechselbeziehungen wurde dafür als notwendig erachtet. Außerdem wurde eine Analyse über die Entwicklung des Tennissports in Schweden durchgeführt, die die Untersuchung seiner Tradition, Vereinsstruktur und Mitgliederfluktuation zum Inhalt hatte. Folgende Punkte wurden untersucht:

a) die »Tenniskultur« bezüglich der Vereine und Mitgliederstruktur,
b) die örtliche Umgebung des Spielers während des Heranwachsens,
c) die Erfahrungen des Spielers mit frühem sportlichen Engagement,
d) die Einstellung des Spielers zum Training,
e) die sozialen Beziehungen des Spielers,
f) die Entwicklung des Spielers und die persönliche Charakterisierung,
g) die Erklärung des Spielers, des Trainers und der Eltern für den Erfolg des Spielers.

Zwei Gruppen von je zehn Spielern wurden ausgewählt, eine Spitzengruppe und eine Kontrollgruppe. Die Spitzengruppe bestand aus den fünf besten männlichen und weiblichen Spielern in Schweden (ATP Rangliste Frühjahr 1985). Alle Spieler waren zu diesem Zeitpunkt auf Turnieren. Die fünf männlichen Spieler der Spitzengruppe waren unter den 15 Weltbesten zu finden. Bei den Frauen war eine unter den ersten 15. Die Kontrollgruppe wurde in Alter, Geschlecht und Jugendranglistenplatz des Schwedischen Tennisverbandes entsprechend ausgewählt. Das bedeutet, daß sich beide Gruppen altersmäßig entsprachen und im

Alter von 12–14 Jahren einen Ranglistenplatz unter den Spitzenspielern in Schweden innehatten. In Schweden beginnt die Jugendrangliste mit zwölf Jahren. Spieler, die für die Kontrollgruppe in Frage kamen, waren im Alter von 12, 13 und 14 unter den zehn besten nationalen Spielern plaziert. Das entspricht der jeweiligen Plazierung der Spitzenspieler in diesem Alter. Wenn es bezüglich der Auswahl zu einer Entscheidung zwischen mehreren Spielern kommen mußte, wurde derjenige ausgewählt, der bezüglich des Ranglistenplatzes seinem Partner in der Spitzengruppe am nächsten war.

Aus der Kontrollgruppe befand sich 1985 kein Spieler in der ATP Rangliste. Dies bedeutet, daß die Mitglieder der Kontrollgruppe eventuell noch Tennis spielen oder einfach damit aufgehört haben. Tatsache ist auf jeden Fall, daß sie im frühen Teenageralter genauso erfolgreich waren, wie die Spieler der Spitzengruppe. Deshalb kann gesagt werden, daß sie über ähnlich viel Talent verfügten. Nach der Pubertät haben sich aber beide Gruppen in verschiedene Richtungen entwickelt. Als Jugendliche waren einige der Spitzengruppe bereits unter den Weltbesten plaziert, während die Spieler der Kontrollgruppe entweder keine Erfolge zu verzeichnen oder bereits das Tennisspielen beendet hatten.

Insgesamt wurden zehn Spitzenspieler und zehn Spieler der Kontrollgruppe, ihre Eltern und Trainer befragt. Im ganzen wurden 41 Interviews durchgeführt. Die entsprechenden Manuskripte umfassen ungefähr 500 Seiten; alle Interviews wurden systematisch analysiert. Daten, die Mitglieder und Vereine betreffen, basieren auf Verzeichnissen des Schwedischen Tennisverbandes.

Ergebnisse

1. Die schwedische Tenniskultur und Vereinsstruktur

Als erstes wird die Entwicklung des schwedischen Tennis vom Betrachtungsstandpunkt der Makro-Ebene aus veranschaulicht. Dabei werden teils das ganze Land und zum Teil die drei Haupttennisbezirke in Schweden – Stockholm, Skåne und Småland berücksichtigt. Im weiteren Verlauf werden die Umwelt, die Entwicklung des Einzelnen und die Wechselbeziehungen zur Umwelt diskutiert.

Es hat sich gezeigt, daß die Entwicklungskomponente in diesen drei Bezirken für die Spitzensportler und die erfolglosen Spieler wichtig war. Stockholm, Hauptstadt und Regierungssitz, ist eine dicht besiedelte städtische Region. Die anderen beiden Bezirke, vor allem aber Småland, sind ländliche Gegenden, die durch kleinere Städte und Dörfer gekennzeichnet sind.

Unterschiede, die das Verhältnis von Junioren (bis zu 19 Jahren) und Aktiven betreffen, wurden beleuchtet. Diese Unterschiede wurden als wichtig erachtet, weil keiner der Spitzenspieler in Stockholm aufwuchs, aber die Hälfte von ihnen in den beiden anderen Bezirken aufgewachsen ist. Innerhalb der Kontrollgruppe war die Situation gerade umgekehrt: Die Hälfte kam ursprünglich aus Stockholm, aber kein Spieler aus den anderen beiden Bezirken.

Momentan gibt es ungefähr 130 000 erfaßte Tennismitglieder in schwedischen Vereinen. Das bedeutet bei einer Gesamtbevölkerung, die gerade die acht Millionengrenze überschritten hat, einen Prozentsatz von ca. 1,5 % registrierter Tennisspieler. In den letzten 25 Jahren hat sich die Gesamtzahl der in Vereinen organisierten Spieler verzehnfacht. Allein während der Borg-Ära in den siebziger Jahren ist die Zahl um das Doppelte angestiegen. Das Wachstum der Tennisvereine ist dem der Mitgliederzahlen vergleichbar. 1975 gab es weniger als 1000 Vereine in Schweden. Gleichwohl hat sich im letzten Jahrzehnt die Anzahl der Vereine zwar verkleinert, die Zahl der Tennisspieler dagegen ist um 50 % gestiegen. Bezüglich der Mitgliederzahlen in den drei Hauptbezirken ist Stockholm in den letzten 35 Jahren der größte und Småland der kleinste Bezirk gewesen. Heute sind ungefähr 20 % aller Tennisspieler Mitglieder in Stockholmer Vereinen. Dagegen bietet Småland unter allen Bezirken die höchste Zahl von Vereinen. Stockholm hat die höchste durchschnittliche Mitgliederzahl pro Verein (ca. 200), während Småland die niedrigste Anzahl verzeichnet (ca. 100). Jedoch steigt in allen drei Bezirken die Durchschnittsmitgliederzahl stark an. Die Zahl der jugendlichen Spieler übersteigt gerade ein Drittel aller erfaßten Spieler. Im letzten Jahrzehnt galt Skåne als der Bezirk, der ein ausgeglichenes Verhältnis von Junioren und Aktiven aufweisen konnte. Im gleichen Zeitraum hatte Stockholm die meisten Aktiven im Vergleich zu den Junioren.
Vom Standpunkt der Makro-Ebene aus kann das schwedische Tennis auf

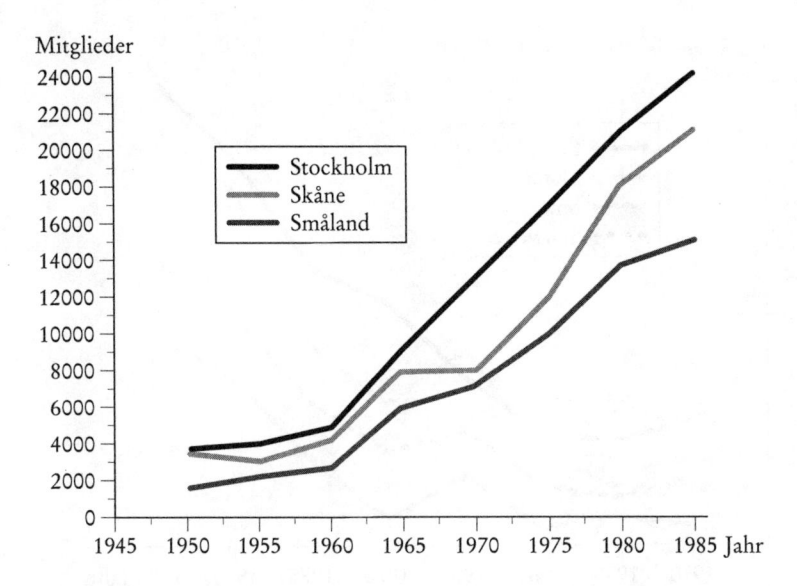

Abb. 3: Die Mitgliederzahlen in den drei Hauptbezirken, 1950–1985.

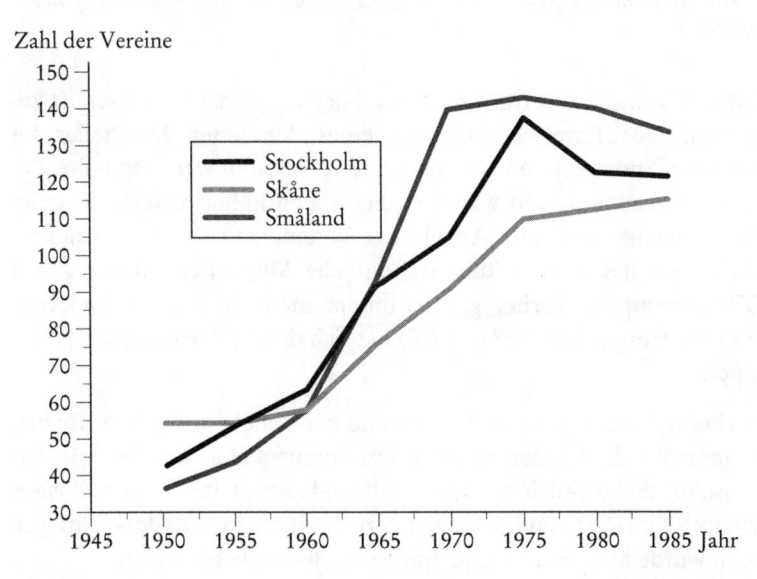

Abb. 4: Die Anzahl der Tennisvereine in den drei Hauptbezirken, 1950–1985.

Mitglieder je Verein

— Stockholm
— Skåne
— Småland
---- Schweden

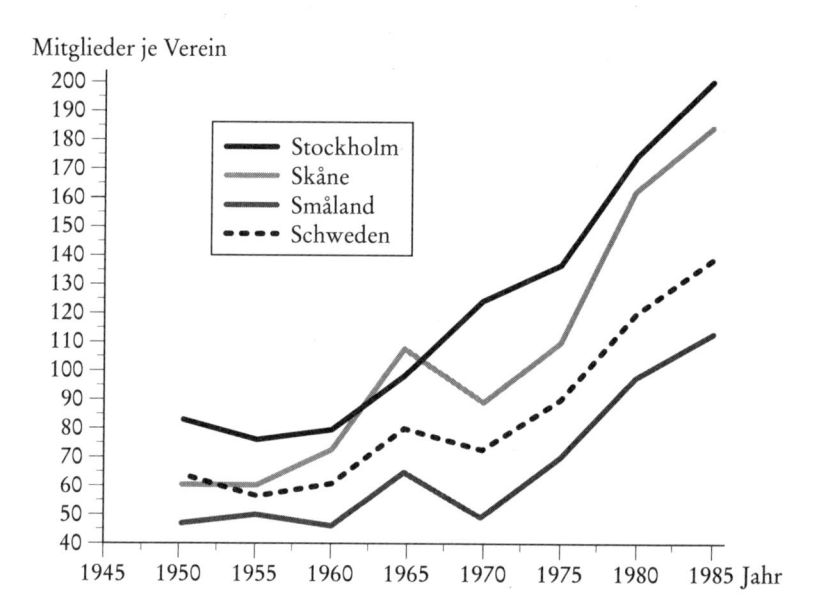

Abb. 5: Die Mitgliederzahlen je Verein, im ganzen Land und in den drei Hauptbezirken, 1950–1985.

eine lange Tradition und frühzeitige Etablierung in der Gesellschaft zurückblicken. Der Tennisverband war eines der ersten Mitglieder im Schwedischen Sportverband. In den letzten 25 Jahren war eine hohe Zunahme zu verzeichnen, und während dieser Zeit haben sich die Mitgliederzahlen verzehnfacht. Die Anzahl der Vereine ist seit 1975 zurückgegangen, jedoch hat sich die durchschnittliche Mitgliederzahl der Clubs seit 1970 verdoppelt. Vorher gab es immer mehr Aktive als Junioren. Während der Borg-Jahre (1973–1976) hat sich die Zahl der Jugendspieler verdoppelt.

– Stockholm, eine städtische Region und bei weitem der größte Bezirk mit ungefähr 20 % aller registrierten Tennisspieler, hat die höchste durchschnittliche Spielerzahl je Club und wartet mit dem höchsten Verhältnis von Aktiven im Vergleich zu Junioren auf. In den achtziger Jahren wurde aber bisher kein Spitzenspieler hervorgebracht.

– Die ländliche Region Småland ist unter den erwähnten Bezirken der kleinste, stellt aber die meisten Vereine. Dabei ist die durchschnittliche Mitgliederzahl je Club am niedrigsten, und es wurde eine ganze Anzahl von Spitzenspielern hervorgebracht. Im Zeitraum von 1977 bis 1986 qualifizierten sich Spieler aus diesem Bezirk mehr als 100 mal für ein Grand Prix Finale!

Das deutet darauf hin, daß Bezirke mit niedrigen Mitgliederzahlen in den Vereinen und im Verhältnis dazu vielen Jugendspielern eine große Anzahl von Spitzenspielern hervorbringen. Wenn dies auch in einer ausgedehnteren Studie der Fall sein sollte, würde das eindeutig darauf hinweisen, daß dem schwedischen Tennis Schwierigkeiten beim Hervorbringen von Spitzenspielern bevorstehen, entsprechend der Tatsache, daß die Mitgliederzahl in den meisten Vereinen ansteigt.

2. Das Tennis-Umfeld

Acht von zehn Spitzenspielern wuchsen in ländlichen Gegenden auf; im Gegenteil dazu kamen neun von zehn Spielern der Kontrollgruppe aus größeren Stadtregionen, die meisten von ihnen aus Stockholm. Also scheint die unmittelbare Umgebung während des Heranwachsens bedeutsam zu sein. Wie unterscheiden sich nun ländliche von städtischen Bezirken bezüglich der Entwicklung von Spitzentennisspielern?

Obwohl die Sportangebote in städtischen Regionen nahezu unbegrenzt sind, ist die Möglichkeit, sich in einer bestimmten Sportart spontan zu engagieren, sehr eingeschränkt. In ländlichen Gegenden ist die soziale Struktur stabiler. Einige Spitzenspieler sagten aus, daß es selten Probleme beim Eintragen zum Tennisspielen gab. Es gab immer freie Stunden und das Problem der weiten Anfahrtswege war gering.

Das Engagement im Sportverein spielte im sozialen Leben des Spitzensportlers eine wichtige Rolle. In ländlichen Regionen war dies eine Art Institution, eine selbstverständliche Freizeitbeschäftigung. Tennis war dabei nicht der einzige Sport; es gab immer noch Raum für andere soziale Aktivitäten. Die Trainer in diesen Gegenden, die sehr oft über keine formale Trainerausbildung verfügten, betonten die Bedeutung der positiven Erfahrungen beim Tennisspiel.

In ländlichen Regionen war der Sport weit weniger durchorganisiert. Die

Programme der Tennisclubs waren in größerem Ausmaß den Bedürfnissen und Qualifikationen der Spieler entsprechend geplant. Die Interviews zeigten, daß die Spitzenspieler die örtliche Umgebung, in der sie herangewachsen sind, sehr schätzten. Das persönliche Engagement und Interesse der Trainer für den einzelnen stellte sich als grundlegend für die Entwicklung zum Weltklassespieler heraus. Diese Tatsache war in ländlichen Regionen wesentlich auffälliger als in städtischen Gebieten.

Ein weiterer wichtiger Punkt ist die sportliche Verbindung innerhalb der Familie und der Freunde. Eine bemerkenswerte Tatsache ist, daß Tennis in den Familien der Spitzenspieler keinen so hohen Stellenwert besaß, wie im Vergleich zu den Familien der Kontrollgruppe. Die Untersuchung zeigt außerdem auf, daß die Spieler der Kontrollgruppe in viel größerem Ausmaß von ihren Familien beeinflußt wurden, mit dem Tennisspielen zu beginnen als die Spitzenspieler.

Wenn man dies berücksichtigt, ist die Fragestellung interessant, ob Eltern, die selber Tennis spielen, die Interessen ihrer Kinder anders beeinflußt haben als Eltern ohne Tennishintergrund. Die Interviews haben deutlich aufgezeigt, daß die Spieler die Unterstützung von Seiten der Eltern unterschiedlich empfunden haben. Die Spitzenspieler erinnern sich an wenig Druck und Erfolgszwang, und diese günstigeren Voraussetzungen trugen insgesamt zu mehr Ausgeglichenheit bei. Sie schreiben dieser Art der Unterstützung großen Einfluß für ihre weitere Entwicklung zu. In diesem Punkt gab es keine Unterschiede zwischen weiblichen und männlichen Spitzenspielern. In der Tat ist die Unterstützung durch die Familie wichtig, aber es muß berücksichtigt werden, daß es verschiedene Möglichkeiten der Unterstützung gibt, die von Kindern aufgrund persönlicher Voraussetzungen in verschiedenen Zusammenhängen unterschiedlich empfunden werden.

Das Verhältnis zwischen Auswahl und sozioökonomischem Status unterschied sich zwischen beiden Spielergruppen beträchtlich. Bei den Spitzenspielern kamen mehr Familien aus unteren Gesellschaftsschichten als bei den Familien der Kontrollgruppe. Dies bedeutet, daß sich ländliche Gegenden bezüglich der sozioökonomischen Auswahl im Tennis von städtischen Regionen unterscheiden. Eine mögliche Erklärung dafür ist, daß die Menschen in städtischer Umgebung nicht die gleichen Möglichkeiten haben, Tennis zu spielen und daß dadurch Kinder der oberen Gesellschaftsschichten bevorzugt wären.

Punkte, die die Schule betrafen, wurden in den meisten Familien diskutiert. In Schweden werden Kinder im Alter von sieben eingeschult. Neun Schuljahre sind dann vorgeschrieben; um die Highschool zu beenden, werden — je nach Kurswahl — elf bis zwölf Schuljahre benötigt. Vor allem die männlichen Spitzenspieler verließen die Schule häufiger nach neun Schuljahren als die Spieler der Kontrollgruppe. Dabei gab es jedoch keine Probleme mit den Eltern oder der Schulbehörde. In Schweden ist es außerdem möglich, im Zuge der Erwachsenenbildung, die Highschool später zu beenden.

Betrachtet man die Umgebung der örtlichen Vereine, so ergeben sich wesentliche Unterschiede zwischen Stadt und Land. Spieler beider Untersuchungsgruppen erachteten die Bedingungen in diesem Zusammenhang für ihre weitere Entwicklung als grundlegend. Die Vereine in städtischen Regionen waren durch Konkurrenz zwischen den Einzelnen, Stress und Erfolgszwang gekennzeichnet, was die Spieler mit zunehmendem Alter als immer belastender empfanden. Dies beinhaltete z. B. die Planung der Trainingsgruppen, Trainingspläne, Trainer und (den vielleicht wichtigsten Punkt) den Mangel an Kontinuität in bezug auf Langzeittraining. Diese Fakten wurden von verschiedenen Spielern der Kontrollgruppe bestätigt. Ungenügende Kontakte mit den Trainern und nicht vorhandene Kontinuität im Training stellten die größten Probleme dar. Dies wurde gerade dann besonders deutlich, wenn der Erfolg ausblieb und das Bedürfnis nach einem Trainer, der persönliches Interesse und Engagement für den Spieler zum Ausdruck bringen konnte, besonders groß war. Betrachtet man Trainer in großen Clubs und städtischen Gegenden, so erhielten nur sehr wenige Spieler die persönliche Zuwendung, die sie benötigten. Für die Kontrollgruppe bedeutete das, daß soziale Gemeinschaft im Training, auf Reisen und während des Turnierspiels ziemlich vernachlässigt wurde. Vor allem die männlichen Spitzenspieler betonten besonders die Bedeutung dieser Faktoren. Das folgende Zitat eines Trainers der Spitzenspieler veranschaulicht das:

> »In Schweden funktioniert Sport häufig so, daß Trainer in ihrer Freizeit in Vereinen aushelfen. Vielleicht verfügen sie nicht immer über das Wissen, wenn es um die Tennistechnik geht, und ich denke oft, daß das nicht viel ausmacht. ... Es

kann ein Nachteil sein, wenn man einem Verein beitritt, in dem die Trainer relativ gut ausgebildet sind, was die formale Trainerausbildung betrifft. ...

Ein männlicher Spieler der Kontrollgruppe stellte fest:»Nein, ich mußte mich ziemlich viel allein um mich kümmern. Du bekommst eine Menge Hilfe, solange du gut bist, aber falls du das nicht schaffst, bist du auf dich allein angewiesen.« »Haben sie das Interesse an dir verloren?« »Ja, das taten sie.« »Denkst du oft über diese Dinge nach?« »Ja, es war kein gutes Gefühl, allein gelassen zu werden.« »Und dann hast du aufgehört?« »Ja, genau«. Von diesem Gesichtspunkt aus scheint es nicht verwunderlich, daß große Vereine und städtische Gegenden bislang große Schwierigkeiten hatten, Spitzenspieler hervorzubringen.

Wie bereits früher erwähnt, ist das Besondere am gegenwärtigen schwedischen Tennis, daß es gleichzeitig so viele Spieler geschafft haben, unter den Weltbesten zu sein. Jemand, zu dem man aufschauen kann, der motivierend wirkt, ist im Tennis wie im Spitzensport allgemein von großer Bedeutung. Über die Jahre hinweg hat Schweden viele erfolgreiche Spieler hervorgebracht, die diese Funktion erfüllten. Die männlichen Spieler haben Björn Borg als wichtig für sie angesehen, als ein Vorbild, nicht nur wegen seiner Erfolge, sondern auch aufgrund seines Verhaltens u. a. auch auf dem Tennisplatz.

Zusammenfassend kann festgehalten werden, daß wesentliche Unterschiede in ländlichen und städtischen Regionen zu finden sind, wenn die Möglichkeiten betrachtet werden, sich zu einem Weltklassetennisspieler zu entwickeln. Die Ergebnisse zeigen, daß die Spitzenspieler die Umgebung ihres Vereins als stark motivierend erfahren haben. In der Kontrollgruppe hat sich das Gegenteil ergeben. Es konnten keine wesentlichen Unterschiede zwischen Männern und Frauen in dieser Hinsicht festgestellt werden. Die unmittelbare Umgebung kann folgendermaßen zusammengefaßt werden:

– Beide Gruppen, Spitzenspieler und Kontrollgruppe, betrachten die unmittelbare Umgebung als sehr einflußreich für ihre weitere Entwicklung.
– Die Spitzenspieler wuchsen in ländlicher Umgebung mit kleinen Vereinen auf, während die Spieler der Kontrollgruppe in städtischen Regionen mit großen Vereinen aufwuchsen.

- Die Eltern der Spieler in beiden Gruppen hatten eine sehr positive Einstellung bezüglich der sportlichen Aktivitäten der Kinder. Jedoch war das Interesse für Tennis bei den Eltern der Kontrollgruppe größer. Es schien auch, daß sie höhere Erfolgserwartungen hatten.
- Das Sportangebot in städtischen Regionen war durch eine große Vielfalt gekennzeichnet, aber der Zugang zu diesen Sportmöglichkeiten war oft stark eingeschränkt. Auf der anderen Seite war in ländlichen Gegenden das Sportangebot sehr begrenzt, aber die Menschen nahmen an allen nur möglichen Sportarten teil.
- Die Teilnahme am Sport gehörte in ländlichen Gegenden eher zum natürlichen Lebensstil der Menschen.
- Die Trainer der Kontrollgruppe hatten im allgemeinen eine höhere formale Trainerausbildung. Sie trainierten die Spieler in größeren Gruppen.
- In den ländlichen Vereinen wurde dem sozialen Engagement der Trainer und der Kontinuität des Trainings höhere Priorität eingeräumt, als dies in den städtischen Vereinen der Fall war.

3. Die Entwicklung des Individuums und seine Interaktion mit der Umwelt

Es gibt gute Gründe für die Annahme, daß die Teilnahme an verschiedenen Sportarten während der frühen Jugend und die daraus resultierenden Ergebnisse das allgemeine motorische Lernen günstig beeinflussen. Die Spitzenspieler dieser Studie nahmen im Vergleich zur Kontrollgruppe in größerem Ausmaß und längere Zeit (neben Tennis) noch an anderen Sportarten teil.

Es ist allgemein anerkannt, daß frühzeitige Spezialisierung und umfassendes Training für die Entwicklung eines Ausnahmeathleten notwendig sind. Das scheint zum Beispiel für Schwimmen und Turnen der Fall zu sein. Es wäre deshalb einleuchtend, wenn dies auch für Tennis zutreffen würde. Spieler aus beiden Gruppen haben jedoch festgestellt, daß sie in ihrer frühen Jugend nicht sehr viel Tennistraining erhalten hatten. Ein männlicher Spitzenspieler aus dieser Studie, der über Jahre hinweg unter den weltbesten Spielern plaziert war, enthüllte, daß er selten mehr als dreimal 45 Minuten pro Woche gespielt hat. Erst als er Profi wurde, konnte er ab diesem Zeitpunkt viel mehr trainieren. Seine Gründe für solch ein begrenztes Training waren, daß vielleicht sein spielerisches Können und die technischen Fähigkeiten durch ein intensiveres Training verbessert worden wären, dies gelte aber nicht für seine Motivation in den Wettkämpfen und die zu erzielenden Ergebnisse. Ein männlicher Spitzenspieler bemerkte: »Ich denke, daß es für die Entwicklung zum Weltklassetennisspieler sehr wichtig ist, in der Jugend nicht zu hart zu trainieren. Man sollte auch andere Sportarten ausüben, wenn einem danach ist. Heute beginnt die Spezialisierung zu früh.«

Die Ergebnisse dieser Studie zeigen, daß die Spieler der Kontrollgruppe während ihrer frühen Jugend mehr Tennis spielten als die Spitzenspieler. Das war besonders im Alter von 13−15 Jahren sehr auffällig. Die Spitzenspieler haben sich erst danach auf Tennis spezialisiert. Diejenigen der Kontrollgruppe, die neben dem Tennisspielen auch andere Sportarten ausgeübt haben, hörten damit im Alter von elf Jahren auf. Im Durchschnitt konzentrierten sich die Spitzenspieler erst mit 14 Jahren auf Tennis. Dies weist darauf hin, daß häufiges Training und frühe Spezialisierung die Entwicklung zum Weltklassespieler nicht begünstigen. Darüber hinaus zeigt diese Untersuchung die Bedeutung eines breiten Sportengagements und genauso eines weniger professionellen Trainings in der frühen Jugend.

Alle Spieler gaben an, daß psychologische Fähigkeiten signifikant für Erfolge im Tennis waren. Vor allem die Bedeutung des Selbstvertrauens wurde betont. Die Spitzenspieler stellten fest, daß sie während ihrer Jugend allmählich Selbstvertrauen gewannen. Dies wurde in erster Linie von der Struktur ihrer Tennisumgebung verursacht. Die Spieler der Kontrollgruppe gaben dagegen an, daß sie genau dann, wenn es am nötigsten gewesen wäre, kein Selbstvertrauen gewannen, was wiederum durch die Struktur ihrer Tennisumwelt begründet wurde.

In der frühen Jugend gab es viel mehr Spieler als Spielerinnen. Im allgemeinen wurden ihnen auch die besseren Chancen eingeräumt, z. B. in bezug auf das Training. Mädchen fingen etwas später mit dem Tennisspielen an als die Jungen und betrieben andere Sportarten nicht in demselben Ausmaß. Eine interessante Tatsache ist auch, daß die männlichen Spieler die Bedeutung psychologischer Qualitäten betonten, während die Spielerinnen Talent und technische Fähigkeiten höher bewerteten.

Spieler beiderlei Geschlechts meinten, daß die Entwicklung von Teamgeist und Gruppensolidarität notwendig seien. Die männlichen Spieler waren auch in der Lage, dies durchzuführen. Sie waren in ihren Ranglistenplätzen so eng beieinander, daß sie an den gleichen Turnieren teilnahmen und relativ viel Zeit während ihrer Reisen, des Trainings und der Turniere zusammen verbringen konnten. Die Spieler betrachteten diese Umstände als bedeutsam für ihre positive Entwicklung, während die Spielerinnen darin den Hauptgrund für die unterschiedlichen Erfolge zwischen weiblichen und männlichen Spitzenspielern sahen.

Männliche und weibliche Spitzenspieler hatten ähnliche Erfahrungen mit persönlichen Trainern in ihrer frühen Jugend gemacht. Neben einem persönlichen Trainer hatten jedoch drei von fünf Spielern einige Jahre Gruppentraining mit insgesamt vier Spielern, für die ein Teamtrainer eingestellt wurde. Die männlichen Spieler, die an diesem Programm beteiligt waren, betrachteten dies als sehr wichtig für ihre Entwicklung. Es gab keine ähnliche Einrichtungen für die Mädchen, die sich in diesem Punkt sehr benachteiligt fühlten. Beide Geschlechter betrachteten die männlichen Spieler als diejenige Gruppe, die der zentrale Verband des schwedischen Tennis mit höherer Priorität bedachte. Zum Beispiel wurden die Spielerinnen in größerem Ausmaß dazu veranlaßt, praktische Übungen ohne Anleitung durchzuführen, sie erhielten weniger Aufmerksamkeit von Trainern und wurden finanziell weniger unterstützt. Die Interviews zeigten auf, daß sowohl Spieler als auch Spielerinnen meinten, daß diese Umstände teilweise erklären, weshalb nicht die gleiche Anzahl von Frauen unter den Weltbesten zu finden sind.

Die männlichen Spitzenspieler hatten sich alle schon seit ihrer frühen Jugend durch Training und Turniere gut gekannt. Als einer von ihnen, der oft von den anderen geschlagen worden war, im Alter von 17 unerwartet ein großes Turnier gewann, resultierte daraus für die anderen ein »Aha«-Erlebnis, mit anderen Worten: »Was er kann, kann ich auch.« Die Auswirkungen einer solchen Einstellung kann fast über Nacht dazu führen, daß eine ganze Gruppe von Spielern ihr Spielniveau verändert.

Die männlichen Spieler betrachteten ihre Gleichheit bezüglich der Rangliste als sehr motivierend und feierten die einzelnen Erfolge gemeinsam. Was die Entwicklung der physischen Kennzeichen betrifft (z. B. die Größe), gab es Unterschiede zwischen den beiden Gruppen. Eine größere

Anzahl von Spielern aus der Kontrollgruppe entwickelte sich im Vergleich zu den Spitzenspielern in ihrer frühen Jugend schneller. Forschungsergebnisse weisen darauf hin, daß das Alter für plötzliches Wachstum in der Jugend zwischen Mädchen und Jungen bis zu fünf Jahre auseinanderklaffen kann. Das bedeutet, daß auch eine frühe physische Entwicklung der Spieler der Kontrollgruppe zu ihren frühen Tenniserfolgen beigetragen hat; die Interviews haben dies ebenfalls bestätigt. Die Tatsache, daß die Spitzenspielergruppe diese Unterschiede wettgemacht hat, kann als Erklärung für den gegensätzlichen Trend bei der Kontrollgruppe angesehen werden. Sie sahen sich mit Niederlagen gegen Spieler konfrontiert, gegen die sie früher mit Leichtigkeit gewonnen hatten. In diesem Zusammenhang kann die frühe Entwicklung physischer Merkmale nicht als Vorteil für die Entwicklung zum Spitzenspieler angesehen werden, wenn herkömmliche Kriterien für die Auswahl der Spieler in Betracht gezogen werden.

Wie bereits früher erwähnt, waren beide Gruppen bis zum Alter von 12–14 gleich, und die Unterschiede sind erst später aufgetreten. Es war also, mit anderen Worten, nicht möglich, aufgrund der Ergebnisse, die bis zu diesem Alter erzielt worden waren, vorherzusagen, wer sich zum Weltklassespieler entwickeln würde. Wenn man in diesem Zusammenhang die Bedeutung des persönlichen Talents betrachten will, steht man vor ernsten Schwierigkeiten. Talent wird als Kombination persönlicher Fähigkeiten und deren Wechselbeziehungen mit der Umwelt betrachtet; persönliches Talent verweist nicht auf statische Qualität. Im Entwicklungsprozeß ist es laufenden Veränderungen unterworfen. Das bedeutet, daß Interaktionsprozesse von höchster Bedeutung für die Entwicklung zum Spitzentennisspieler sind.

Aktivitäten in ländlichen Tennisvereinen waren durch Harmonie und größere soziale Aufmerksamkeit gekennzeichnet. Dies verweist in erster Linie auf die Art der Beziehung, die sich zwischen Spieler und Trainer entwickelte. Das wurde, neben anderen Dingen, wiederum als bedeutsam erachtet, weil Trainer und Spieler beträchtliche Zeit während des Trainings, auf Reisen und Turnierspielen gemeinsam verbrachten. Über die Jahre hinweg gelang es den meisten Spitzenspielern eine gute persönliche Beziehung zu ihrem Trainer aufzubauen. Diese Beziehung war durch das Wissen und ein persönliches Interesse des Trainers am und über den Spieler, auf dem Tennisplatz und auch außerhalb gekennzeichnet. Die Kontrollgruppe berichtete dagegen, daß sich diese Art der Beziehung nur selten entwickelt hat. Manchmal mußten sie jede Woche ihren Trainer wechseln, wohingegen einige der Spitzenspieler in der Lage waren, den gleichen Trainer für sieben bis acht Jahre zu behalten. Die Umstände in diesem Zusammenhang wurden als äußerst wichtig eingeschätzt.

Die folgenden Aspekte sollen kurz die Entwicklung des Individuums und seine Interaktion mit der Umwelt aufzeigen. Falls nicht eigens dargestellt, konnten in dieser Untersuchung keine wesentlichen Unterschiede zwischen Männern und Frauen herausgearbeitet werden.

- Spezialisierung und profimäßiges Training während der frühen Jugend waren für die Entwicklung zum Spitzentennisspieler nicht günstig.
- Mehr Spieler der Kontrollgruppe als Spitzenspieler haben über sich selbst ausgesagt, daß sie im Vergleich zu Freunden im gleichen Alter physische Merkmale früher entwickelt haben.
- Mehr Spieler der Kontrollgruppe haben einen höheren Erfolgsdruck von Eltern und Trainern erfahren.
- Spitzenspieler erfuhren große Unterstützung und schätzten das Zusammensein mit ihren Trainern mehr als die Spieler der Kontrollgruppe. Sie waren außerdem in der Lage, denselben Trainer über längere Zeiträume zu behalten und ihn besser kennenzulernen.
- Im Gegensatz zu den weiblichen Spitzenspielern war es den männlichen Spielern gelungen, Teamgeist zu entwickeln. Spieler beiderlei Geschlechts schrieben ihm großen Einfluß auf den Erfolg zu.
- Die Spitzenspieler besaßen zwar nur Zugang zu Tennisplätzen geringerer Qualität, hatten aber gleichzeitig die Möglichkeit, auf eine spontanere Art und Weise Tennis zu spielen.
- In ihren Vereinen trainierten die Spitzenspieler in kleineren Gruppen im Vergleich zur Kontrollgruppe.
- Die Spitzenspieler engagierten sich längere Zeit und in höherem Alter in anderen Sportarten. Im Durchschnitt spezialisierten sie sich mit 14 Jahren auf Tennis. Die Spieler der Kontrollgruppe taten dies mit elf Jahren und hatten auch früher Erfolge zu verzeichnen.

- Bis zum Alter von 13 Jahren gab es keine wesentlichen Unterschiede bezüglich der Trainingsquantität für beide Gruppen zu verzeichnen.
- Zwischen 13 und 15 Jahren trainierte die Kontrollgruppe mehr als die Gruppe der Spitzenspieler.
- Als sie älter als 15 waren, trainierten auch die Spitzenspieler mehr, einige von ihnen bereits ganztägig.

Neben den aufgezeigten Differenzen zwischen den Gruppen ist ein weiterer Punkt von Bedeutung. Die Erfolge, die die Spitzenspieler in ihrer frühen Jugend im Tennis zu verzeichnen hatten, fielen nicht größer aus als die in anderen Sportarten. Tennis war einfach eine unter mehreren Sportarten. Ihre Teilnahme am Tennis ging im Rahmen einer natürlichen und harmonischen Vereinsumgebung ohne größere Erfolgserwartungen vor sich.

Die Spitzenspieler stimmten mit ihren Eltern und Trainern darin überein, daß die Spieler über gute psychologische Fähigkeiten, ein hohes Maß an Ehrgeiz und ausgeprägten Siegeswillen verfügten. Unter den Spielern der Kontrollgruppe wuchs die Enttäuschung, als sich die frühen Erfolge nicht fortsetzen ließen, stark an. Sie verloren den Glauben an ihre eigenen Fähigkeiten und das hatte wiederum zur Folge, daß sich der negative Entwicklungstrend verstärkte.

Wie schon früher erwähnt, hörten die meisten Spieler der Kontrollgruppe noch als Jugendliche mit dem Tennisspielen wieder auf, als die Erfolgskurve der frühen Jugendjahre nach der Pubertät nicht fortgesetzt werden konnte. Das hat die Frauen in noch höherem Maß als die Männer betroffen. Zwei der Männer, aber keine der Frauen, wandten sich dem Trainerwesen zu; vor allem die Frauen haben kein weiteres Intereses für Tennis gezeigt. Die meisten Spieler aus der Kontrollgruppe schlugen akademische Laufbahnen ein.

Zusammenfassend zeigt diese Untersuchung, daß es nicht eindeutig vorhersagbar ist, ob sich jemand allein aufgrund seines Talentes zum Spitzentennisspieler entwickeln wird. Umweltfaktoren und ihr Zusammenspiel haben sich als äußerst wichtig erwiesen. Die Analyse verweist des weiteren darauf, daß Prozesse der Wechselbeziehungen eine Hauptrolle für die weitere Entwicklung spielen. Die soziale Struktur, vor allem die Umgebung des Vereins und die Beziehung zum Trainer, hat sich als grundlegend herausgestellt. Die Entwicklung zum Spitzenspieler wird durch den Aufbau einer guten und dauerhaften Beziehung zu einem Trainer gefördert. Dies war in viel höherem Maß bei den Spielern der Spitzengruppe als bei der Kontrollgruppe der Fall. Die Spitzenspieler waren aufgrund persönlicher Fähigkeiten und durch ein unterstützendes Umfeld erfolgreich. Die männlichen Spieler waren erfolgreicher als die weiblichen, teilweise auch deshalb, weil ihnen höhere Priorität eingeräumt worden war.

Um diesen Sozialisationsprozeß auf eine allgemeine Formel zu bringen, wären in der Tat weitere Forschungen in diesem Bereich notwendig. Bezug nehmend auf BRONFENBRENNER (1979), zeigt sich, daß die Ergebnisse dieser Studie bestimmte Schlußfolgerungen zulassen.

Keine andere öffentliche Bewegung zieht die Aufmerksamkeit von Kindern und Jugendlichen in Schweden, wo die Organisation der Sportvereine auf eine lange Tradition zurückblicken kann, so sehr auf sich wie der Sport. Die meisten Trainer in diesen Vereinen arbeiten auf einer freiwilligen ehrenamtlichen Basis, wobei diese Freizeitaktivität für sie große Bedeutung hat. Wenn man den Sozialisierungsprozeß verstehen will, muß man ähnliche Zusammenhänge analysieren. Darüberhinaus müssen auch Aspekte, die über diesen Kontext hinausgehen, betrachtet werden. Dies bedeutet z. B., sich Wissen über das Individuum anzueignen, persönliches Interesse und Engagement für die Person zu zeigen und das Teilen von vielfältigen Interessen in anderen Bereichen. BRONFENBRENNER (1979) unterstreicht, daß die Entwicklung durch bestehende persönliche Beziehungen begünstigt wird und dem Individuum dadurch allmählich größere Kontrollmöglichkeiten der eigenen Situation eingeräumt werden. Die Ergebnisse dieser Studie zeigen, daß dies in viel mehr Fällen für die Spieler der Spitzengruppe als für die Spieler der Kontrollgrupe zutraf. FISCHBEIN (1986) betont diese Perspektive bei seiner Untersuchung, inwieweit sich das Ausmaß von Stimulation und Umwelt fördernd oder einschränkend auswirken. In diesem Punkt können die Spieler wie in Abb. 6 beschrieben werden.

Die Sozialisationserfahrungen innerhalb der vier Gruppen von Spielern waren unterschiedlich und hatten nachweislich großen Einfluß für ihre weitere Entwicklung. Neben anderen Punkten sind für diese Schlußfolgerungen die Erfahrungen mit Trainern und die Umgebung der Vereine

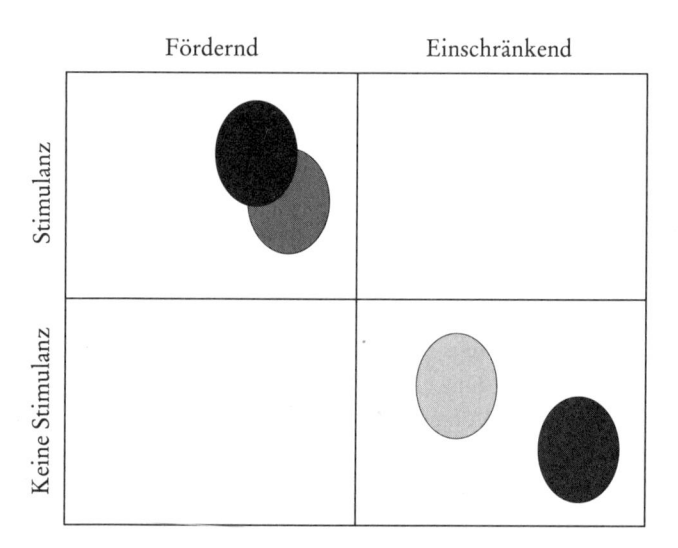

Abb. 6: Die Struktur der Tennisumwelt von Spielern.
■ = Männliche Spitzenspieler
▨ = Weibliche Spitzenspielerinnen
☐ = Männliche Spieler der Kontrollgruppe
■ = Weibliche Spielerinnen der Kontrollgruppe

durch die Lern- und Sozialisationsprozesse stattfanden, zu nennen; dies stellt sich für die Sozialisierung als grundlegend dar. Die Spitzenspieler, vor allem die männlichen, erfuhren ein hohes Maß an Motivation und Förderung im Vergleich zur Kontrollgruppe. Die Unterschiede zwischen männlichen und weiblichen Spitzenspielern waren im Vergleich zur Kontrollgruppe geringer. Die Spieler der Kontrollgruppe empfanden das Umfeld als nicht motivierend, eher sogar als restriktiv. Die Analyse zeigt, daß die männlichen Spitzenspieler in diesem Zusammenhang die am meisten bevorzugte Gruppe war, während die Frauen der Kontrollgruppe am wenigsten gefördert wurden.

Einer der männlichen Spitzenspieler, der für einige Jahre unter den weltbesten Spielern plaziert war, äußerte sich bezüglich seiner eigenen Entwicklung zum Superspieler folgendermaßen:

»Ich war in der Lage, langsam mit Tennis zu beginnen. Von Anfang an habe ich mich nicht allzusehr angestrengt. Schrittweise wurde ich besser.

Für mich hat es sehr viel bedeutet, daß X mit 17 ... gewonnen hat. Wir anderen dachten darüber nach, warum wir nicht das gleiche wie er tun könnten. Wir hatten lange Zeit zusammen trainiert und ihn gar nicht so gut eingeschätzt. Ganz plötzlich haben wir entdeckt, daß wir eigentlich auch nicht so schlecht waren, daß es bis zur Weltspitze gar nicht mehr so weit war«.

3.3 Talentförderung in Frankreich

von STEPHAN TEUBER

Vorbemerkung

Dieser Beitrag beruht im wesentlichen auf einem Vortrag, den Jean-Paul Loth (Technischer Direktor des französischen Tennisverbandes) in Garmisch-Partenkirchen hielt. Ihm sei an dieser Stelle auch dafür gedankt, daß er sein Material zur Verfügung gestellt hat.

Die Struktur des Kinder-, Jugend- und Juniorentennis in Frankreich

Ab dem Alter von sieben Jahren haben die Kinder die Möglichkeit, in Tennisschulen der einzelnen Tennisvereine einzutreten. Es existieren in Frankreich derzeit ca. 9755 Tennisvereine mit 32 850 Plätzen. (Zum Vergleich: Im DTB sind 8991 Vereine organisiert, die 42 733 Plätze zur Verfügung haben.)

Für Kinder ab neun Jahre gibt es in jedem der 102 Departments Trainingszentren, ebenso besitzen 37 Ligen eigene Trainingszentren. Zusätzlich sind noch acht »interregionale« Trainingszentren vorhanden.

Ab zwölf Jahren können die Kinder am Training der zehn nationalen Tennisschulen teilnehmen.

Mit Erreichen des internationalen Juniorenniveaus findet das Training im nationalen Trainingszentrum Roland Garros in Paris statt.

Die Sichtung

1. Wettkämpfe: Auf der Ebene der einzelnen *Tennisvereine* finden Vereins- und Mannschaftsmeisterschaften statt. Auf *Bezirksebene* finden Einzelmeisterschaften und Turniere für Nachwuchsspieler statt. Auf *Verbandsebene* werden Einzelmeisterschaften für neun- und zehnjährige Kinder ausgetragen. Auf *nationaler Ebene* existieren Mannschaftsmeisterschaften für elf und zwölf Jahre alte Kinder sowie die französischen Einzelmeisterschaften der unter 14jährigen, der unter 16jährigen und der Junioren. Zusätzlich finden noch nationale und internationale Turniere für Nachwuchsspieler statt (in Auray, Berssuire, Tarbes ...).

2. *Tests:* Im wesentlichen wurden vier Teilkonzepte entwickelt, um Tennistalente zu entdecken, zu fördern und ihre weitere Entwicklung zu überprüfen; zum einen die verschiedenen Etappen der nationalen Sichtung (die unten im Abschnitt »Sichtung und Training im Detail« noch näher beschrieben werden); zum anderen die Tests in den einzelnen Tennisschulen, dann der national organisierte Tennisunterricht in den Tennisvereinen und schließlich das allgemeine, nicht tennisspezifische Training.

3. *Nationale Organisation der Tennisschulen:* Grundlage des gesamten Förderkonzeptes bildet die Grundschulung in den einzelnen Tennisvereinen, in den Tenniszentren der Departments oder den regionalen Tenniszentren. Im Alter von 13/14 Jahren, nach Durchlaufen der Grundschulung, werden die Jungen und Mädchen in Tennisschulen weitergefördert. Dabei sind zwei Wege möglich. Entweder nehmen sie am Unterricht in einer der drei interregionalen Tennisschulen (Bordeaux, Lille, Straßburg) teil, von denen aus sie in eine der sechs nationalen Tennisschulen (für Mädchen: Biarritz, Blois, Boulouris; für Jungen: Nizza, Poitiers, Reims) gelangen; oder sie werden direkt von einer der nationalen Tennisschulen aufgenommen.

Ab dem Alter von 15/16 Jahren werden die Mädchen in der Nationalen Tennisschule für Mädchen in Paris, die Jungen in der Nationalen Tennisschule für Jungen, die sich ebenfalls in Paris befindet, weitergefördert.

Die besten der Jungen, Mädchen, Junioren und auch der Aktiven trainieren im nationalen Trainingzentrum Roland Garros in Paris.

Selbstverständlich besteht für besonders talentierte Jugendliche auch die Möglichkeit, unter Umgehung der Nationalen Tennisschule in Paris, direkt in das nationale Trainingszentrum Roland Garros aufgenommen zu werden.

Abb.: *Nationale Organisation der Talentförderung des französischen Tennisverbandes.*

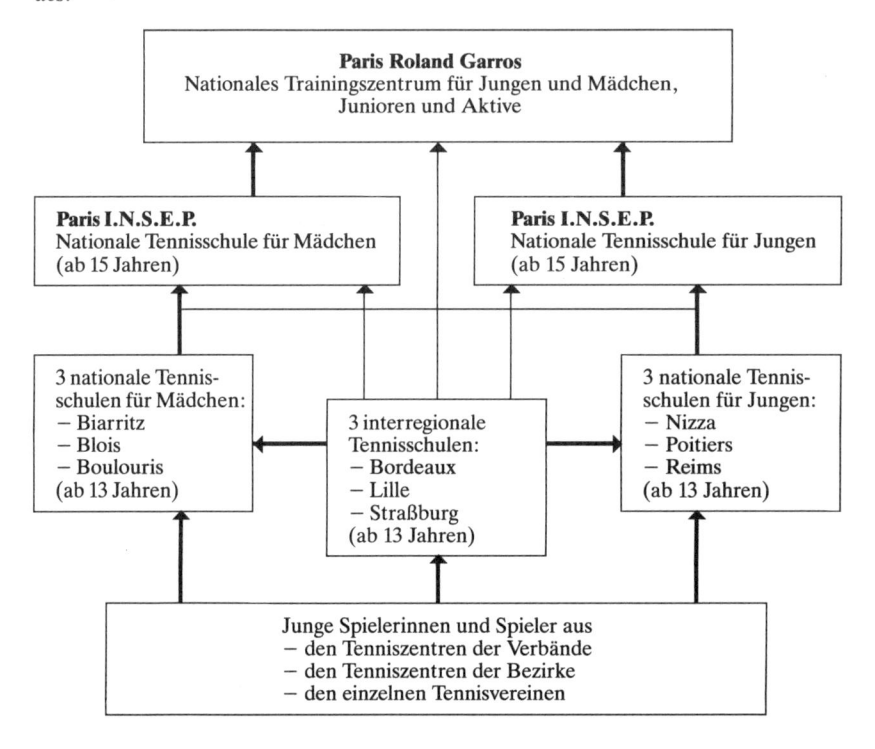

```
┌─────────────────────────────────────────────────┐
│              Paris Roland Garros                │
│  Nationales Trainingszentrum für Jungen und     │
│              Mädchen,                            │
│           Junioren und Aktive                    │
└─────────────────────────────────────────────────┘
         ▲              ▲              ▲

┌──────────────────────┐         ┌──────────────────────┐
│ Paris I.N.S.E.P.     │         │ Paris I.N.S.E.P.     │
│ Nationale Tennis-    │         │ Nationale Tennis-    │
│ schule für Mädchen   │         │ schule für Jungen    │
│ (ab 15 Jahren)       │         │ (ab 15 Jahren)       │
└──────────────────────┘         └──────────────────────┘
      ▲                                       ▲

┌──────────────────┐   ┌──────────────────┐   ┌──────────────────┐
│ 3 nationale Tennis-│  │                  │   │ 3 nationale Tennis-│
│ schulen für Mädchen:│ │ 3 interregionale │   │ schulen für Jungen:│
│ – Biarritz        │◄─│ Tennisschulen:   │──►│ – Nizza           │
│ – Blois           │   │ – Bordeaux       │   │ – Poitiers        │
│ – Boulouris       │   │ – Lille          │   │ – Reims           │
│ (ab 13 Jahren)    │   │ – Straßburg      │   │ (ab 13 Jahren)    │
└──────────────────┘   │ (ab 13 Jahren)   │   └──────────────────┘
      ▲                └──────────────────┘         ▲

┌─────────────────────────────────────────────────┐
│       Junge Spielerinnen und Spieler aus         │
│       – den Tenniszentren der Verbände           │
│       – den Tenniszentren der Bezirke            │
│       – den einzelnen Tennisvereinen             │
└─────────────────────────────────────────────────┘
```

Sichtung und Training im Detail

1. Erste Stufe: Mit dem Ende des siebten Lebensjahres unterziehen sich die Kinder sowohl einem speziellen Tennistest als auch einem Test ihrer allgemeinen körperlichen Leistungsfähigkeit.

Während des ersten Tennisjahres müssen die Kinder alle drei Monate einen speziellen Balltest absolvieren: den ›weißen Balltest‹ im Dezember,

den ›gelben Balltest‹ im März und den ›orangen Balltest‹ im Juni.

2. Zweite Stufe: Mit Ende des achten Lebensjahres absolvieren die Kinder einen umfangreichen Test (der sich über einen Tag erstreckt) zur Erfassung ihrer körperlichen Fähigkeiten. Die Besten dieses Tests nehmen, je nach Testergebnis, entweder am Sichtungstag des Bezirks oder des Verbandes oder der Liga teil.

Die Kinder haben im Dezember den ›grünen Balltest‹, im März den ›roten Balltest‹ und im Juni den ›Schlägertest‹. Für den ›Schlägertest‹ müssen vier (in offiziellen Turnieren) gewonnene Matches, 50 Durchschläge beim Seilsprung und 15 Minuten Dauerlauf nachgewiesen werden.

Das Tennistraining beträgt maximal 1,5 Stunden pro Woche. Dabei trainieren vier Kinder pro Feld mit einem qualifizierten Trainer. Das allgemeine Training (Kraft, Ausdauer, Beweglichkeit) beträgt 2 x 45 Minuten pro Woche.

Zusätzlich nehmen die Kinder in der Verbandsförderung dreimal pro Monat (von Oktober bis April) an meist mehrtägigen Lehrgängen teil. Die Kinder in der Bezirksförderungen nehmen zweimal pro Monat an solchen Lehrgängen teil.

3. Dritte Stufe: Mit Ende des neunten Lebensjahres, nach bestandenem ›Schlägertest‹, nehmen die Kinder wiederum an einem umfangreichen Test zur Erfassung ihrer körperlichen Fähigkeiten teil. Die besten Kinder werden in verschiedene Fördergruppen und Trainingszentren aufgenommen und beginnen das Bezirks-, Verbands- oder Ligatraining. Als Auswahlkriterien werden dabei Turnierergebnisse und prognostizierte Leistungsmöglichkeiten berücksichtigt.

In diesem Alter wird das Tennistraining auf maximal 2 x 1,5 Stunden pro Woche verdoppelt. Dabei trainieren weiterhin vier Kinder pro Feld mit einem qualifizierten Trainer. Außerdem spielen die Kinder zweimal pro Woche selbständig Tennis und nehmen an 30 Matches in offiziellen Turnieren teil. Das allgemeine Konditionstraining behält den Umfang von 2 x 45 Minuten pro Woche bei.

Die Kinder in der Verbandsförderung haben einen Lehrgang pro Monat, für die Kinder in der Bezirksförderung findet alle sechs Wochen ein Lehrgang statt.

4. Vierte Stufe: Mit Ende des zehnten Lebensjahres treten die Kinder in das zweite Trainingsjahr des Trainingszentrums auf lokaler Ebene ein. Zusätzlich besteht auch noch für Anfänger die Möglichkeit, bei entsprechender Begabung und bestandener Sichtung, in die Förderung aufge-

nommen zu werden. Die Sichtung auf dieser Stufe orientiert sich an einem Turnier und einem umfangreichen Testtag.
Das Tennistraining bleibt mit maximal 2 x 1,5 Stunden pro Woche, vier Kindern pro Feld und einem qualifizierter Trainer bestehen. Die besten Spieler der Bezirks-, Verbands- oder Ligaförderung können anstelle des Gruppentrainings Einzeltraining bekommen. Das freie Tennisspiel findet weiterhin zweimal pro Woche statt. Gesteigert wird die Anzahl der Matches (40 in offiziellen Turnieren) und der Umfang des allgemeinen Konditionstrainings (1,5 bis 3 Stunden pro Woche an 3 oder 4 Trainingsterminen).
Auf dieser Stufe wird zusätzlich eine Gruppe der erweiterten Förderung gebildet (2 x 8 Kinder), in die vor allem diejenigen Kinder aufgenommen werden, die sich durch ihr Potential und nicht unbedingt durch ihre derzeitige Spielstärke auszeichnen sind. Für diese Kinder findet zweimal 1,5 Stunden pro Woche ein Verbandstraining in der Gruppe statt.

5. Fünfte Stufe: Mit Ende des elften und zwölften Lebensjahres können die Kinder kostenlos Training vom Bezirk, vom regionalen Verband oder vom nationalem Verband bekommen. Es findet drei Monate lang statt (Oktober bis Dezember). Im Februar und März müssen die Kandidaten für die nationalen Tennisschulen Tests durchlaufen, in denen sowohl Tennistechnik und -taktik, als auch körperliche und mentale Fähigkeiten geprüft werden.
Auch im Alter von zwölf Jahren wird der Umfang des Tennistrainings (2 x 1,5 Stunden pro Woche) beibehalten. Jedoch wird die Intensität durch Umstellung auf Einzeltraining gesteigert. Zusätzlich findet ein Matchtraining statt (1,5 Stunden pro Woche). Das selbständige Tennisspiel ohne Trainer wird nun in seiner Häufigkeit gesteigert, ebenso die Anzahl der Matches (40 bis 50 in offiziellen Turnieren). Der Umfang des allgemeinen Konditionstrainings beträgt weiterhin 1,5 bis 3 Stunden pro Woche an 3 oder 4 Trainingsterminen.

6. Sechste Stufe: Diese Stufe findet (als Sichtung/Förderung auf nationaler Ebene) für Jungen und Mädchen im Alter von 13 Jahren während der Monate Mai, Juni und Juli statt. Die Kinder müssen dabei zahlreiche Tests absolvieren. Im Einzelnen bestehen diese aus tennisspezifischen Aufgaben, der Überprüfung ihrer allgemeinen körperlichen Leistungs-

fähigkeit sowie dem Nachweis ihrer psychischen Belastbarkeit und Stabilität. Den Abschluß bildet eine sportärztliche Untersuchung.
Nach diesen Tests wird entschieden, ob die Kinder in eine nationale Tennisschule aufgenommen bzw. in ihr weitergefördert werden. Ab diesem Alter entscheiden dann das allgemeine Verhalten und die Turnierergebnisse, ob die Kinder (im nationalen Training/in der nationalen Förderung) verbleiben.
Mit 13/14 Jahren wird das Training weiter intensiviert. Das Tennistraining beträgt nun 4 x 1,5 Stunden pro Woche Einzelunterricht und 1,5 Stunden pro Woche Matchtraining. Außerdem müssen mindestens 60 Matches in offiziellen Turnieren gespielt werden. Auch das allgemeine Konditionstraining wird nun auf 1,5 bis 4 Stunden pro Woche, verteilt auf 4 oder 5 Trainingstermine, gesteigert.
Mit 15/16 Jahren findet eine weitere Steigerung des Trainings statt, das nun im wesentlichen aus 2 x 1,5 Stunden Tennistraining pro Tag besteht. Die Anzahl der Spiele in offiziellen Turnieren wird auf mindestens 70 gesteigert. Der Umfang des allgemeinen Konditionstrainings beträgt mindestens vier Stunden pro Woche.

Schlußbemerkung

Die Talentförderung in Frankreich ist durch ihre Ausrichtung auf die Aufnahme in das nationale Trainingszentrum Roland Garros geprägt. Der Weg dorthin führt über die einzelnen Trainingszentren, die interregionalen und nationalen Tennisschulen und die nationale Tennisschule in Paris. Die Trainingsvorgaben und zu durchlaufenden Tests sind landesweit gleich.
Auffallend ist die starke Betonung des allgemeinen Konditionstrainings (Kraft, Ausdauer und Beweglichkeit), die strikte Begrenzung des speziellen Tennistrainings in jungen Jahren und die relativ späte Einstiegsmöglichkeit für Tennisanfänger mit der Chance, noch in die Förderung aufgenommen zu werden.
Für die zu erbringende körperliche Leistungsfähigkeit existieren genau Vorgaben, die in umfangreichen Tests abgeprüft werden.
Inwieweit ein solches Talentförderkonzept übertragbar ist, wird sicherlich

Talentförderung in Frankreich

auch davon abhängen, ob die organisatorischen Strukturen vergleichbar sind. Dabei ist besonders zu berücksichtigen, daß die Struktur des französischen Tennissports (entsprechend der politischen Struktur) stark zentralistisch ausgerichtet ist.

3.4 »Taking care of tomorrow« —
ein neuer Ansatz zur systematischen Talentsuche
und Jugendförderung in den USA

von Hans-Jürgen Mergner

Das Programm »taking care of tomorrow« ist eine Reaktion auf den Abstieg des amerikanischen Davis-Cup-Teams in die zweite Division, nachdem 1987 in Hartford das Relegationsspiel gegen die deutsche Davis-Cup Mannschaft mit 2:3 verloren wurde. Die Ursachen für diesen Mißerfolg liegen jedoch weiter zurück. Seit 1984 hat kein gebürtiger Amerikaner mehr die US Open (internationale amerikanische Meisterschaften) gewonnen, bei den Damen sogar seit 1982. Auch in der ATP Computerweltrangliste stehen seit 1985 keine gebürtigen Amerikaner an Nr. 1. Ivan Lendl und Martina Navratilova lösten beinahe zeitgleich John McEnroe und Chris Evert ab. Auch in der Junioren-Weltrangliste stand seit längerem weder ein Junge noch ein Mädchen aus den USA ganz vorne. Bislang konnte in den USA aus einem Pool von ca. 40 Millionen Spielerinnen und Spielern geschöpft werden, die nur zu einem kleinen Teil in der USTA (United Staates Tennis Association), dem DTB vergleichbar, organisiert sind. Der USTA gehören bislang nur 200 000 Mitglieder an, während im DTB im Jahre 1989 die Zwei-Millionen-Grenze überschritten wurde. Deshalb beschränkte sich die USTA auf die Aufgaben der Förderung des Freizeittennissports und der Einhaltung der Regeln; und sie richtete Turniere vor allem im Amateurbereich ein. Themen wie Talentförderung und Trainerausbildung wurden bislang kaum behandelt. Mit dem Programm »taking care of tomorrow« soll nun ein großer Schritt getan werden, um den Anschluß an die Weltspitze im Tennis zu halten und die ehemalige Spitzenposition wieder zu erreichen. Am 10. September 1987 wurde das Programm von der USTA veröffentlicht; es verfolgt im wesentlichen die folgenden drei Ziele:

1. Tennis soll für die Jugend interessant gemacht werden.
2. Talentierten Nachwuchsspielern soll das Erreichen ihrer maximalen Leistung ermöglicht werden.

3. Die absoluten Spitzenspieler sollen besonders darin unterstützt werden, die US Open zu gewinnen.

Die Ziele, die sehr allgemein gehalten sind, werden im folgenden genauer beschrieben und in weiteren Punkten noch ausdifferenziert.

Zum ersten Ziel

Das erste Ziel ist die Erhöhung der Attraktivität der Sportart Tennis für jugendliche Spieler. Durch vier Punkte soll diese Forderung erfüllt werden:

– durch Organisationen, die die Programme zum Laufen bringen sollen (a),
– durch Ergänzungen zu den bereits existierenden Programmen (b),
– durch ergänzende Mittelbeschaffungen (c),
– durch Imageverbesserung (d).

Zu (a): Zunächst wird eine Organisation geschaffen, die die Programme starten soll. Diese Organisation hat dabei im wesentlichen drei Aufgaben. Ein örtliches Einstiegsprogramm soll geschaffen werden, das in jeder Gemeinde der Vereinigten Staaten vorhanden sein muß, um im Sinne eines Freizeitprogrammes den Einstieg zum Tennisspielen zu ermöglichen. Der Zweck ist dabei, einer großen Anzahl von Kindern und talentierten Athleten das Tennisspielen interessant zu machen und ein effektives, entwicklungsgemäßes Training anzubieten. Des weiteren soll ein organisierter Plan für Freizeittennis durch ein Organisations- und Planungskomitee geschaffen werden. In jeder Gemeinde soll eine Organisation vorhanden sein, die Einstiegsprogramme plant und mit der Zielsetzung durchführt, Städtemannschaften oder Ligen für Jugendliche bis 18 Jahre zu schaffen. Über die Förderung von Minderheiten soll (drittens) allen Kindern die Möglichkeit gegeben werden, das Tennisspiel zu erlernen. Wenn möglich sollen Programme auf städtischen Anlagen ablaufen. Damit soll Tennis für jeden jungen Menschen in den USA erschwinglich und attraktiv werden.

Zu (b): Folgende Programme sollen das Einstiegsprogramm ergänzen.

1. Fortsetzung der Schulprogramme durch örtliche Programme mit dem Ziel, interessierte Schüler zu ermutigen, weiterhin Tennis zu spielen.
2. Die USTA/NJTL (National Junior Tennis League) soll ausgebaut werden, um mehr jungen Spielern die Möglichkeit zu geben, das NJTL-Angebot wahrzunehmen.
3. Durch örtliches Engagement soll das Junior Team Tennis forciert werden. Jede Gemeinde sollte eine JTL einrichten, um vielen Jugendlichen die Möglichkeit zu geben, Tennis zu spielen.
4. Freizeit- und Hobbyturniere sollten häufiger angeboten werden, um Alternativen zum üblichen K.-O.-System der Turniere zu verwirklichen. Dabei soll vor allem auch die Schwellenangst, insbesondere bei kleineren Kindern, mit dem Tennis zu beginnen, herabgesetzt werden. Somit kann auch eine größere Anzahl von Kindern angesprochen werden.
5. Kleinfeldtennis als Möglichkeit des frühen Einstiegsprogrammes soll entwickelt und gefördert werden. Platzverhältnisse, Ausrüstung und Zählweise müssen dabei modifiziert werden. Kleinen Kindern, die zu jung (und klein) für das Spiel im Großfeld sind, soll somit der Spaß am Tennis vermittelt werden.
6. Auch Initiativen, die außerhalb des USTA Programms laufen, sollen gefördert werden, d. h. auch, daß die Zusammenarbeit mit Personen, die sich für die Förderung des Tennissports innerhalb einer Gemeinde oder Stadt einsetzen, um noch mehr Jugendlichen den Einstieg zum Tennisspielen zu ermöglichen, verbessert werden soll.

Zu (c): Ergänzende Mittel sollen beschafft werden. Hierzu soll als erstes über die Hinzunahme eines Beraters nachgedacht werden, der den lokalen Tennisorganisationen helfen soll, ihre Entwicklungsbestrebungen zu verwirklichen. Des weiteren soll die Gründung einer NYTF (National Youth Tennis Foundation) überlegt werden. Es handelt sich dabei um einen Jugendtennisfond mit dem Ziel, abzugsfähige Spenden für solche nationalen Förderprogramme zu gewinnen, die jenseits der Finanzierungsmöglichkeit der USTA liegen.

Zu (d): Bei der Entwicklung von Plänen zur Imageverbesserung der Sportart Tennis geht es um die Verbesserung des Beliebtheitsgrades der Sportart Tennis als eine reizvolle Aktivität für eine große Bandbreite von jungen Menschen.

Zum zweiten Ziel

Das zweite Ziel der USTA richtet sich an die talentierten Nachwuchsspieler mit der Forderung, daß sie ihre persönliche Bestleistung anstreben und erreichen sollen. Durch fünf Teilziele soll diese Forderung erfüllt werden.
– Junge Spieler sollen ihre Spielweise unter weniger Druck entwickeln können (a).
– Das Sandplatzspiel soll stärker betont werden (b).
– Tenniswettkämpfe zwischen verschiedenen Schulen sollen aufgewertet werden (c).
– Auch das College-Tennis soll aufgewertet werden (d).
– Eine nationale Tennis-Datenbank soll eingerichtet werden (e).

Zu (a): Die Forderung, daß junge Spieler ihre Spielweise unter weniger Druck entwickeln sollen, soll durch fünf Punkte eingelöst werden. Erstens sollen Stadt-, Kreis- und Bezirksmannschaften gegründet werden, um das Mannschaftskonzept zu entwickeln und zu fördern, so daß auch über diesen Weg das Tennisspielen attraktiver wird. Zweitens sollen Nationale Meisterschaften sowie Landes- und Bezirksranglisten für unter 12jährige abgeschafft werden. Lediglich eine alphabetische Auflistung aller Viertelfinalisten dieser Altersgruppe soll bei Turnieren angegeben werden. Dadurch soll der große Druck bei sehr jungen Spielern – auch der finanzielle bei Eltern – , verringert werden. Drittens sollen nationale Ranglisten und amerikanische Meisterschaften für unter 14jährige abgeschafft werden. Bezirksranglisten und Bezirksmeisterschaften soll es nach wie vor geben. Landesmeisterschaften werden als Sichtung durchgeführt. Viertens sollen Eltern durch nationale Elternschulprogramme vorbereitet und beraten werden. Diese Seminare sollen bei Bezirks- und Landesmeisterschaften angeboten werden. Dadurch will man den Eltern Ratschläge geben, wie sie ihre Kinder unterstützen können. Fünftens plant die USTA auch Seminare für Spieler selbst. Diese Seminare werden bei Landes- und US-Meisterschaften angeboten. Inhalte sollen neben konditionellen und psychologischen Trainingstips auch Themen sein, die die Spieler aktuell betreffen. Dies soll den Spielern als Hilfe in ihrer Persönlichkeitsentwicklung dienen.

Zu (b): Die stärkere Betonung des Spielens auf Sandplätzen soll durch ein größeres Angebot an Sandplatzturnieren und eine eventuell höhere Gewichtung von Sandplatzturnieren gewährleistet werden. Damit wird der Zweck verfolgt, daß möglichst viele Spieler auf möglichst allen Belägen ihre Spielweise verbessern.

Zu (c): Wettkämpfe zwischen den Schulen sollen höher bewertet werden. Highschool-Trainer sollen in das »taking care of tomorrow«-Trainings- und Talentsuchprogramm Einblick erhalten. Startberechtigungsbedingungen an Highschools sollen fallengelassen werden. Von Bestrafungen und Verboten gegen Spieler von Schulmannschaften, die während der Rundenspiele gecoacht werden und bestimmte Turniere spielen, soll abgesehen werden.

Zu (d): Das Tennisspiel an Colleges soll durch drei Verbesserungen gefördert werden. Erstens sollen für sehr gute amerikanische Tennisspieler die Immatrikulation, die Information über Stipendien und die Beratung an den Colleges verbessert werden. Collegecoaches sollen ermutigt werden, mehr Tennisspieler auf diesem Weg für ihre Teams zu gewinnen. Damit soll erreicht werden, daß die Spieler ein gesichertes Stipendium bekommen und somit eine gute Wahl treffen. Außerdem soll den Colleges durch die USTA geholfen werden, gute Spieler in ihrer Mannschaft zu haben. Des weiteren will die USA mit der ITCA (Intercollegiate Tennis Coaches Association) durch jährliche Treffen und Seminare zusammenarbeiten. Außerdem soll die Geldmittelpriorität für Collegespieler folgendermaßen gestaffelt sein:

1. Trainingslager
2. Finanzielle Unterstützung auf den Sommercircuits
3. Unterstützung der US-College Hallenmannschaftsmeisterschaft.

Zu (e): Eine US-Tennis-Datenbank soll eingerichtet werden. Von wissenschaftlicher Seite wird Hilfe für die jungen Spieler angeboten. Zum einen soll eine Person als wissenschaftlicher Direktor eingestellt werden, um diese Datenbank einzurichten. Gleichzeitig besteht seine Aufgabe darin, einen sportwissenschaftlichen Beirat zu gründen, der das sportwissenschaftlich begründete Wissen weitergibt. Zum anderen soll eine Langzeitleistungsgruppe für Spieler gegründet werden. Cirka 2000 Spieler können in diese Leistungsgruppe aufgenommen werden. Sie sollen ständig betreut werden und in regelmäßigen Abständen Rückmeldungen über ihre Leistungsstärke bekommen.

Zum dritten Ziel

Der dritte Schwerpunkt des »taking care of tomorrow« – Programms ist das Ziel, die absoluten Spitzenspielern zu unterstützen, vor allem im Hinblick darauf, daß diese die internationalen Meisterschaften der USA (US Open) gewinnen können. Dieser dritte Schwerpunkt wurde 1989 beinahe zufällig erfüllt, Martina Navratilova unterlag im Damenfinale Steffi Graf und Andre Agassi verlor erst im Halbfinale gegen Ivan Lendl. Allerdings sind diese Erfolge noch nicht auf die Auswirkungen des neuen Programms zurückzuführen. Nationale Trainingsprogramme, die durch ein nationales Trainersystem und ein nationales Talentsuche- und Talentauswahlsystem unterstützt werden, stellen die tragende Säule des dritten Schwerpunkts dar. Über folgende sechs Maßnahmen soll dieses Ziel erreicht werden.

1. Für alle Altersgruppen soll ein örtliches Leistungstraining stattfinden. Entsprechende Kontrollen sollen jährlich durchgeführt werden. Der Verantwortungsbereich liegt bei den städtischen Tennisorganisatoren. Ziel ist es, gute Trainingsmöglichkeiten für die besten Jugendlichen einer Region zur Verfügung zu stellen.
2. 100 USTA Trainingszentren sollen, über die USA verteilt, auf lokaler Ebene eingerichtet werden. Sie erhalten von der USTA Trainingsunterstützung, d. h. etwa 2000 jungen Tennisspielern soll ein strukturiertes, entwicklungsgemäßes Tennistraining geboten werden.
3. Die USTA will ein Talentsuchesystem aufbauen, das die ganzen Vereinigten Staaten abdeckt. USTA-/USPTR-Trainer, Highschool- und Collegecoaches sollen zusammen mit dem USTA-Beauftragten die Kinder für die 100 Trainingscentren in ihrer Region entdecken.
4. Die nationalen Leistungszentren sollen für Mitglieder der Nationalmannschaft sowie für die größten Talente der USA offen sein. Die Betreuung übernimmt das Team der Bundestrainer.

5. USTA-Leistungszentren sollen in vier bis sechs Städten der USA aufgebaut werden, das Bundesleistungszentrum soll in Flushing Meadow (New York) sein. Im Westen werden die Zentren Stanford University San Francisco (Californien), Long Beach Los Angeles (Californien) sein, im Osten University of Miami (Florida).
6. USTA Trainer sollen ausgebildet werden. Das Trainerwesen soll alle Trainer erfassen, die im USTA-Programm arbeiten.

Innerhalb des dritten Schwerpunktes — Spitzenspielern den Durchbruch zu ermöglichen — sollen die Nationalmannschaften durch fünf Maßnahmen unterstützt werden.

1. Junior Boys Davis Cup, Junior Mens Davis Cup, Junior Girls Wightman Cup, Junior Federation Cup sollen in einem Team zusammengefaßt werden, dem USTA National Team. Die Auswahl durch das Trainerteam soll nach dem Potential zum Tennisprofi anstelle des Ranglistenplatzes erfolgen.
2. Die USTA unterstützt eine kleine Anzahl von ausgewählten Spielern über einen Zeitraum von fünf Jahren. Die Jugendlichen werden dabei im Alter von 15 Jahren ausgewählt, die Mädchen etwas früher. Sie zählen auch zum Kreis des USTA-National Teams.
3. Internationale Turniere (vor allem auch auf Sand) sollen als Turnierserien auf verschiedenen Bodenbelägen gespielt werden.
4. Die Mitglieder des »National Teams« sollen »wild-cards« für alle , von der USTA unterstützten und organisierten Turniere bekommen. Schließlich sollen die Spieler, die sich auf der »ATP- und WITA-Tour« befinden, zusätzlich unterstützt werden. Eine kleine Gruppe soll mindestens für ein Jahr von Trainern unterstützt werden, um im »Pro- Circuit« ihre Karriere zu beginnen.

Weiterhin sollen bereits erfolgreiche »Circuit«-Spieler in Form einer Patenschaft Mentoren für junge »Circuit«-Spieler sein. Schließlich sollen auch die in den Top 100 plazierten Spieler die Möglichkeit erhalten, Training, wissenschaftliche Betreuung, Rehabilitation nach Verletzung u. a. wahrnehmen zu können. Im Bundesleistungszentrum und auch in anderen speziellen Einrichtungen können diese Angebote wahrgenommen werden.

Zur Organisation

Die Organisationsstruktur sieht haupt- und ehrenamtliche Stellen für die Bereiche Leistungs- und Breitensport vor. Für den Leistungssport steht an der Spitze der »Director of Player Development«, der dem Sportdirektor des DTB gleichzusetzen ist. In dessen Arbeitsbereich sind weitere Personen angestellt. Ein Cheftrainer ist Betreuer im Profitennis (männlich und weiblich), ein Cheftrainer Jugend sowie je eine verantwortliche Person sind für die Bereiche Öffentlichkeitsarbeit, Turniere und Marketing zuständig. Für den Bereich Breitensport, Schultennis, öffentliche Anbieter, städtische Einrichtungen und Kleinfeld soll eine Person mit dem Titel »Director of Recreational Tennis« eingestellt werden.

Zusammenfassung

Der ehrgeizige Plan des Amerikanischen Tennisverbandes, die Talentsuche und Talentförderung zu systematisieren, wurde unter der Leitung von Ron Woods, dem Vorsitzenden des USTA Ausschußes zur Talentsuche und -förderung, in Angriff genommen. In der im September 1987 erschienen Broschüre »taking care of tomorrow« werden die Ziele der USTA genau beschrieben. In Anlehnung an europäische Fördersysteme soll auch in den USA ein von der USTA zentral gesteuertes Fördermodell entstehen. Der entscheidende Unterschied zur bisherigen unsystematischen Talentförderung in den USA ist, daß versucht wird, Tennistalente zu finden, die dann systematisch und langfristig trainiert werden. Gewährleistet werden soll dies durch 100 Landesleistungszentren, in denen die USTA Trainer die Talente aus den verschiedenen Bezirken zusammenfassen. In den leistungsstärksten Staaten der USA sollen vier Bundesleistungszentren aufgebaut werden. Es wird allerdings sicherlich Jahre dauern, bis die ersten Kinder dieses System durchlaufen haben. Aber das generelle Umdenken der Verantwortlichen der USTA in ihrer Sorge um den Tennisnachwuchs wird bald erste Erfolge zu verzeichnen haben. Inwieweit das Konzept »taking care of tomorrow« insgesamt umgesetzt werden kann, muß noch offen bleiben. Eine wichtige Rolle spielen auch die kommerziellen Anbieter im Tennis, die bislang als einzige eine mehr oder weniger gezielte Talentförderung betrieben haben. Hier muß geklärt werden, ob und wieweit sie in das Konzept der Talentförderung integriert werden könnten. Eine Zusammenarbeit scheint sinnvoll, wenn das ehrgeizige Ziel erfüllt werden soll, das im Programm folgendermaßen formuliert ist:

»We have an obligation to help develop the finest possible players who will some day have the opportunity to win the US Open, the other Grand Slams and great tournaments of the world and the Olympic and Pan American games«.

4 Abschließende Bemerkungen

von HARTMUT GABLER / HANS-JÜRGEN MERGNER

Die in diesem Buch vorgestellten aktuellen Ansätze und Modelle der Talentförderung im Tennis legen kein eindeutiges Konzept nahe, vielmehr gibt es »viele Wege nach Rom«. Trotzdem gibt es Erkenntnisse, die soweit gesichert sind, daß sie als Leitlinien der Talentförderung gelten können. Diese Leitlinien werden im folgenden in zehn Punkten zusammengefaßt.

1. Eine gezielte Talentförderung muß in der Zeit der Vorpubertät beginnen, wobei das vielseitige und nicht nur tennisspezifische Grundlagentraining im Vordergrund stehen muß.
2. Bei der Auswahl der Talente in der Zeit der Vorpubertät gilt es, das Augenmerk auf bestimmte körperliche, motorische und psychische Voraussetzungen (vgl. Kap. 1) zu legen, die zu einem gewissen Teil über Tests erfaßbar sind (vgl. Kap. 2.2).
3. Bei der Suche nach Talenten sollte auch die Zusammenarbeit mit der Schule gezielt angestrebt werden, denn die Schule ist nach wie vor das größte Talentreservoir (vgl. Kap. 2.2, 2.3 und 2.4).
4. Allerdings wäre die Schule überfordert (vgl. Kap. 2.3), wenn von ihr erwartet würde, daß sie die Talente über das Grundlagentraining, zum Aufbau- und Hochleistungstraining führt. Die entsprechenden Förderungsmaßnahmen können in erster Linie nur von den Vereinen und Verbänden des DTB sowie vom DTB selbst getragen werden.
5. Die Talentförderung in Frankreich, Schweden und den USA (vgl. Kap. 3) zeigt beispielhaft, daß die konkreten Maßnahmen der Talentförderung wesentlich von den strukturellen Bedingungen der jeweiligen Gesellschaft und des jeweiligen Fachverbandes mitbestimmt werden.
6. Die Effektivität der derzeitigen Talentförderung im DTB (vgl. Kap. 1 und 2.1) mit ihren vier Stufen (Vorstufe, Hauptstufe, Übergangsstufe, A-/B-Kader) hängt wesentlich davon ab, wieviel Reibungsverluste aufgrund des föderalen Systems, d. h. aufgrund der notwendigen Zu-

sammenarbeit zwischen Verein, Landesverband und DTB, entstehen. Dies gilt vor allem für die Vorstufe, aber in begrenztem Maße auch noch für die Hauptstufe.
7. Die Zukunft wird zeigen, inwieweit Sponsoren bereits in der Vorstufe eingreifen (vgl. Kap. 1 und 2.4). Sollten sich einzelne Ansätze dieser Art verstärken, dann ist zu prüfen, ob die Zusammenarbeit zwischen Sponsoren und Verbänden immer zwangsläufiger wird (sich ggf. noch mehr Reibungsverluste ergeben) oder ob sich dadurch einzelne Wege der Talentförderung immer mehr verselbständigen, d. h., vor allem auch, außerhalb des organisierten Tennissports liegen.
8. Auf der anderen Seite zeigt der Durchbruch von Nachwuchsspielern zur Spitze, die das Abitur erfolgreich abgeschlossen haben, daß im Hinblick auf einzelne Nachwuchsspielerinnen und -spieler zu prüfen ist, inwieweit die Idee des Tennisinternats weiterverfolgt werden muß (vgl. Kap. 2.5). Dies gilt umso mehr, je breiter die Spitze im internationalen Tennis wird und je härter dadurch der Konkurrenzkampf wird.
9. Talentförderung im Tennis – orientiert am Spitzentennis – ist auch als eine Form der Berufsausbildung zu betrachten. Insofern könnten Fragen der Finanzierung der Förderung einerseits und der Rückzahlung bzw. des Eingehens von Verpflichtungen andererseits zukünftig noch gravierender werden.
10. Bei allen Gesichtspunkten der Leistungsförderung auf sportlichem Gebiet darf nicht übersehen werden, daß Talentförderung stets auch die pädagogische Verantwortung für das Kind und den jungen Menschen in seiner Gesamtentwicklung einschließt. Dies ist eine gemeinsame Aufgabe für Eltern und Trainer.

5 Literaturverzeichnis

BETTE, K.-H.: Strukturelle Aspekte des Hochleistungssports in der Bundesrepublik. Ansatzpunkte für eine System − Umwelt − Theorie des Hochleistungssports. Köln 1982.
BETTE, K.-H. / NEIDHARDT, F.: Förderungseinrichtungen im Hochleistungssport der Bundesrepublik Deutschland: (A) Sportinternate Forschungsbericht 3.2. Köln 1981.
BRONFENBRENNER, U.: The ecology of human development. Cambridge, M. A. 1979.
BUESS, K. / KLAGES, J.: Sportinternate in der BRD. Wissenschaftliche Hausarbeit. Tübingen 1977.

CARLSON, R.: Att socialiseras till elitspelare i tennis (The process of socialization to elite tennis player) Report No. 6. Stockholm 1987 (Department of Educational Research, Stockholm Institute of Education).

DAHLGREN, L.: Talentbestimmung in Schweden. In: GABLER, H. / ZEIN, B. (Red.): Talentsuche und Talentförderung im Tennis. Ahrensburg bei Hamburg 1984, 34−45.
DEUTSCHER SPORTBUND: »Kinder im Leistungssport« − Grundsatzerklärung des Deutschen Sportbundes. In: DSB (Hrsg.): Deutscher Sportbund 1982−1986. Bericht des Präsidiums. Frankfurt 1986, 225−230.
DEUTSCHER TENNIS BUND (Hrsg.): Modellversuch Tennistalent. Hamburg 1983, 1987[2].
DEUTSCHER TENNIS BUND (Hrsg.): Materialien für die Praxis der Übungsleiter, Trainer und Funktionäre. Hamburg (im Druck).
DOKUMENTATION: Basketball-Teilzeit-Internat Langen. 1985−1988. Langen 1989.

ENGSTRÖM, L.-M.: The process of socialization into keep-fit activities. In: Scandinavian Journal of Sports Sciences 8 (1986), Heft 3, 89−97.
ENGSTRÖM, L.-M. / ANDERSSON, S. T.: Idrottsvanor i ett utvecklingsperspektiv (Sportive habits in a developmental perspective). Report No. 3. Stockholm 1983 (Department of Educational Research, Stockholm Institute of Education).

FISCHBEIN, S.: Person-environment interaction in educational settings. Report No. 1. Stockholm 1986 (Department of Educational Research, Stockholm Institute of Education).
FRIEDRICH, E. / HOLZ, P.: Ein Konzept zur Talentförderung im bundesdeutschen Leistungssport. In: Leistungssport 19 (1989) Heft 5, 5−10.

GABLER, H.: Talentsuche und Talentförderung im Tennis. In: GABLER, H./ZEIN, B. (Red.): Talentsuche und Talentförderung im Tennis. Ahrensburg bei Hamburg 1984, 9—33.

HELL, F.: Tennis. In: MUNGENAST, F. (Hrsg.): Talentförderung durch Sportklassen. Modell Rheinland-Pfalz. Kaiserslautern 1985.

HOLZ, P.: Probleme des Ausstiegs von Jugendlichen aus dem Leistungssport. In: Leistungssport 18 (1988) Heft 1, 5—10.

JANDA, V.: Muskelfunktionsdiagnostik. Heidelberg 1979.

KNOPP, B.: Talentförderung durch Sportklassen Modell Rheinland-Pfalz am staatlichen Heinrich-Heine-Gymnasium Kaiserslautern. Kaiserslautern 1985.

LOY, J. W./KENYON, G. S./MCPHERSON, B. D.: Sport, culture, and society. Philadelphia 1981.

METZGER, G.: Talentsuche am Beispiel des Württembergischen Tennis Bundes. In: GABLER, H./ZEIN, B. (Red.): Talentsuche und Talentförderung im Tennis. Ahrensburg bei Hamburg 1984, 121—125.

SWEDISH TENNIS ASSOCIATION (Hrsg.): Junior Tennis in Sweden. Stockholm 1988.

UNITED STATES TENNIS ASSOCCIATION (Hrsg.): Taking care of tomorrow. Princeton, N. Y. 1987.

Schriftenreihen

Sportwissenschaft und Sportpraxis
Herausgeber: **Clemens Czwalina** ISSN 0342-457X

Band 37	Bornkamp-Baake: Sport in der Psychiatrie. 1981. 130 Seiten.
Band 38	Tiwald: Psycho-Training im Kampf- und Budo-Sport. 1981. 109 Seiten.
Band 48	Letzelter: Ziele, Methoden und Inhalte des Krafttrainings. 1983. 318 Seiten.
Band 51	Andresen/Hagedorn (Hrsg): Steuerung des Sportspiels in Training und Wettkampf. 1984. 251 Seiten.
Band 53	Sachse: 60 Stunden Volleyball für die Sekundarstufe I. 1985. 125 Seiten.
Band 54	Christmann/Letzelter (Red.): Volleyball optimieren und variieren. 1985. 178 Seiten.
Band 56	Engel: Sportivität und Geschlechtsrolle bei Schulanfängern. 1986. 255 Seiten.
Band 57	Andresen (Hrsg.): Beiträge zur Sportspielforschung. 1986. 247 Seiten.
Band 58	Christmann/Letzelter (Red.): Spielanalysen und Trainingsmaßnahmen im Volleyball. 1986. 216 Seiten.
Band 59	Preiß: Computersimulation zur Entwicklung sportmotorischer Techniken. 1987. 125 Seiten.
Band 60	Schmidt: Wahrnehmungs- und Reaktionsleistungen von Sportspielern. 1987. 298 Seiten.
Band 62	Rudel: Tennis-Methode Definiertes Timing. 1987. 142 Seiten.
Band 63	Dannenmann (Red.): Entwicklungen und Trends im Volleyball. 1987. 272 Seiten.
Band 64	Reuter: Therapie und Prophylaxe bei Verletzungen und Überlastungsschäden im Langstreckenlauf. 1987. 259 Seiten.
Band 65	Maier: Leistungsfähigkeit und Leistungsstabilität im Tennis. 1988. 204 Seiten.
Band 66	Czwalina: Systematische Spielerbeobachtung in den Sportspielen. 1988. 156 Seiten.
Band 67	Maehl/Höhnke: Aufwärmen. 1988. 188 Seiten.
Band 68	Borkenstein: Fanfreundschaften im Fußball. 1988. 116 Seiten.
Band 69	Letzelter/Scholl: Methodologische Probleme in der Sportspielforschung. 1988. 124 Seiten.
Band 70	Dannenmann (Red.): Training und Methodik des Volleyballspiels. 1988. 206 Seiten.
Band 71	Baumann (Hrsg.): Älter werden — fit bleiben. 1988. 282 Seiten.
Band 72	Andresen/Hagedorn (Hrsg.): Sportspiele: animieren — trainieren. 1988. 208 Seiten.
Band 73	Schmidt (Hrsg.): Selbst- und Welterfahrung in Sport und Spiel. 1989. 222 Seiten.
Band 74	Blanke-Malmberg: Zur Theorie der Methodik des Sports. 1989. 299 Seiten.
Band 75	Bochow: Badminton optimieren. 1989. 182 Seiten.
Band 76	Dannenmann (Red.): Volleyball erforschen. 1989. 246 Seiten.
Band 77	Volger: Lehren von Bewegungen. 1990. 140 Seiten.
Band 78	Dannenmann (Red.): Volleyball analysieren. 1990. 299 Seiten.
Band 79	Hagedorn/Andresen (Hrsg.): Allgemeine und sportspezifische Spielfähigkeit. 1990. 194 Seiten.
Band 80	Recktenwald: Unterrichtsplanung im Sport. 1990. 197 Seiten.

Budo und transkulturelle Bewegungsforschung

Herausgeber: Horst Tiwald   ISSN 0723-9297

Band 10

Oliver Maehl

Beweglichkeits-
training

Verlag Ingrid Czwalina D-2070 Ahrensburg bei Hamburg